跨文化交际
教学案例与分析

主编
陈云萍

四川大学出版社
SICHUAN UNIVERSITY PRESS

图书在版编目（CIP）数据

跨文化交际教学案例与分析 / 陈云萍主编. -- 成都：四川大学出版社，2024.6. -- ISBN 978-7-5690-7324-9

Ⅰ．H195.3

中国国家版本馆 CIP 数据核字第 2024MM0232 号

书　　名：跨文化交际教学案例与分析
　　　　　Kuawenhua Jiaoji Jiaoxue Anli yu Fenxi
主　　编：陈云萍

选题策划：吴近宇
责任编辑：吴近宇
责任校对：刘一畅
装帧设计：墨创文化
责任印制：李金兰

出版发行：四川大学出版社有限责任公司
　　　　　地址：成都市一环路南一段 24 号（610065）
　　　　　电话：（028）85408311（发行部）、85400276（总编室）
　　　　　电子邮箱：scupress@vip.163.com
　　　　　网址：https://press.scu.edu.cn
印前制作：四川胜翔数码印务设计有限公司
印刷装订：四川省平轩印务有限公司

成品尺寸：170 mm×240 mm
印　　张：15
字　　数：284 千字

版　　次：2024 年 10 月 第 1 版
印　　次：2024 年 10 月 第 1 次印刷
定　　价：66.00 元

本社图书如有印装质量问题，请联系发行部调换

◆ 版权所有　◆ 侵权必究

扫码获取数字资源

四川大学出版社
微信公众号

前　言

《跨文化交际教学案例与分析》是一本跨文化交际教学案例集。本书针对国际中文教师以及跨文化交际者在日常生活和海外教学中遇到的各种不同的跨文化交际问题，聚焦不同国家、地区之间的跨文化交际交流活动和跨文化教学活动，力求为海外教师的汉语教学、文化交流活动等提供参考。下面对本书案例的编排和使用情况进行说明。

一、案例编排

本书共涵盖五大洲、二十多个国家、十余位海外一线汉语教师的不同案例，从六个模块分别整理并分析各个地区和国家之间跨文化交际的典型案例。每个案例由案例场景、案例描述、理论聚焦、案例分析、思考与实训、延伸阅读六部分构成。

案例场景：案例场景指对案例发生的自然、人文环境的介绍。

案例描述：案例描述由案例作者根据自身跨文化交际经历按照时间顺序书写，叙事详尽、准确。

理论聚焦：理论聚焦主要用于指出跨文化交际问题的成因与解决方案所涉及的理论、原则、概念或重点内容。

案例分析：案例分析从提出问题、分析成因、解决方案三个要点出发，并结合相关的跨文化理论展开分析。

思考与实训：针对案例中涉及的具体问题和具体分析，采用提问的方式鼓励读者进行更深一步的拓展延伸和讨论。

延伸阅读：一般是案例收集来源及相关参考文献，为读者提供案例分析中所涉相关性强的文献及专业书目，以便读者进行更深层次的理论研究。

案例分为上编、下编两部分，上编主要从跨文化交际的角度，探讨各国之间的文化差异，下编结合课堂教学，探讨各国课堂教学中的文化差异。

二、案例使用

　　本书适用对象为汉语国际教育专业学生、汉语教学研究者、外派汉语教师、汉语教师志愿者、报考《国际汉语教师证书》的人员以及需要从事有关跨文化工作的人员和提升跨文化交际能力的人士。本书的整理是为方便研究跨文化交际实践活动，通过对不同地区、国家的跨文化交际案例分类整理，方便使用者进行筛查审阅。希望本书可以为读者提供切实帮助。

　　本书是由陈云萍教授主持的西南科技大学研究生双语课程、精品课程跨文化交际课程团队进行汇编整理的成果。

　　本书的整理是在有限资源的基础上进行的汇总，如有遗漏和不妥之处，请读者批评指正。

目　录

上篇　跨文化交际案例

亚　洲

泰　国
案例一　五彩斑斓的制服 / 3
案例二　你为什么不洗澡？ / 7
案例三　泰国人的出行方式 / 10
案例四　等待，等待 / 15
案例五　脱鞋文化 / 19
案例六　泰国宗教文化 / 23
案例七　多样化的课堂 / 27
案例八　午觉，无！ / 31

南美洲

秘　鲁
案例一　不习惯的贴面礼 / 34
案例二　忙里偷闲 / 37
案例三　礼尚往来 / 39
案例四　学生成绩不好谁的错？ / 41

巴　西
案例一　美的标准 / 44

北美洲

美　国
案例一　为什么不直接问我？ / 47

墨西哥
　　案例一　亡灵节 / 50
古　巴
　　案例一　哈瓦那的手势暗语 / 55

欧　洲

意大利
　　案例一　被夸奖的项链 / 58
　　案例二　学生难以理解的"自谦" / 61
　　案例三　我是最优秀的学生 / 64
英　国
　　案例一　您有预约吗？ / 66
　　案例二　生病了为什么不请假？ / 69
　　案例三　"YYDS"是什么意思？ / 72
俄罗斯
　　案例一　嫁娶文化 / 75

大洋洲

澳大利亚
　　案例一　你有 partner？ / 79
　　案例二　你们是不是都没有兄弟姐妹？ / 82

下篇　课堂教学案例

亚　洲

泰　国
　　案例一　课堂"跑"起来了 / 87
　　案例二　在课堂上化妆的学生 / 91
　　案例三　"一个一个"进教室上课的学生 / 94
　　案例四　汉语口语教学 / 98
　　案例五　不同年龄学习者的学习特征 / 103
　　案例六　我们一起过春节 / 108

目 录

　　案例七　"倒霉"的草莓 / 112
　印度尼西亚
　　案例一　你喜欢喝酒吗？/ 116

南美洲

　秘　鲁
　　案例一　老师，我不想学这个 / 119
　　案例二　"紫禁城"的"禁" / 122
　　案例三　屈原之死 / 125
　　案例四　我的大家庭 / 129
　　案例五　同一节课的"小朋友与成年人" / 132
　　案例六　老师，我们是朋友啊！/ 135
　　案例七　语音教学 / 138
　　案例八　初级汉字教学 / 141
　　案例九　宗教信仰 / 144

北美洲

　美　国
　　案例一　中国孝道文化 / 147
　　案例二　汉语教学也需要"因地制宜" / 150
　　案例三　"砍价"？"兄弟"？/ 153
　　案例四　学生频繁使用母语怎么办？/ 156
　　案例五　"铁饭碗" / 159
　墨西哥
　　案例一　不要占用我的周末时光 / 162
　　案例二　不要公开我的成绩 / 166

欧洲

　英　国
　　案例一　我对汉语不感兴趣 / 169
　　案例二　请删掉这些照片！/ 172
　　案例三　老师，我不是女孩子 / 175
　　案例四　为什么喜鹊代表幸运呢？/ 178

意大利
  案例一　我听不懂你说的话 / 181
  案例二　"吃得少"与"没吃" / 184
  案例三　"及、且、既、与"和"e" / 187

斯洛文尼亚
  案例一　汉语合作教学 / 190

非　洲

加　纳
  案例一　"茶"还是"高铁"？/ 198
  案例二　加纳时间 / 203
  案例三　"消失"的课本 / 207

马达加斯加
  案例一　低龄学生的中文教学 / 211
  案例二　上课到底用什么语言？/ 215

参考文献 / 219

附：案例参编者简介 / 221

后　记 / 228

上篇
跨文化交际案例

亚 洲

泰 国

● 案例一

五彩斑斓的制服

关键词：泰国服饰；颜色崇拜；跨文化交际
案例作者：黄栩

一、案例场景

泰国是一个宗教气息浓厚的国家，生活中非常注重各种礼仪。因为我所在学校的校长是一位非常尊重传统文化的女士，所以在校的师生都需按照要求穿不同颜色的制服或校服去学校上课。这一举措不仅增强了学校师生对传统文化的认同感，对新到任的志愿者老师来说，也是一个能够更好融入当地生活和教学的办法。

二、案例叙述

"Gatin，这是你的制服，以后每周上课都要穿与当天对应的颜色。"学校管理老师在仓库给我找制服时对我说。

"那我们学校对衣服颜色的规定是怎么样的呢？这里为什么还有一条裙子呢？"我看着这些五颜六色的衣服问道。

"从星期天到下下周星期一，通常是按照黄色、粉红色、绿色、橙色、蓝色、紫色和红色的顺序穿不同颜色的衣服。但在我们学校里星期一穿黄色，星期二穿粉红色，星期三穿灰色，星期四可以穿自己喜欢的衣服，星期五穿裙子，周末不上课的话就自己决定穿什么。"

"好的，请问这些颜色有什么特殊的含义吗？"

"黄色代表灿烂、信任以及尊贵。老师们星期一需要身着黄色的制服，同时在有关国王和王室的节日里也需要穿着黄色来表达对国王的尊重。粉红色没有红色那么明媚但更温和，在爱情中象征着长长久久，在友情中代表冷静平和。"

不同的颜色有不同的意义，这对我了解泰国文化非常有用，于是我请这位泰国老师详细介绍了一遍每种颜色的含义和其在日常生活中的象征意义。简而言之，绿色象征生命力，橙色象征富足，蓝色象征和平安宁，紫色象征神秘高贵，红色则象征财富和正能量。

据说这些颜色崇拜来自古代印度的"九曜"之说，而泰国是一个深受印度佛教文化影响的国家，因此发展出了自己的"七彩文化"。泰国的颜色文化体现在日常生活的方方面面，比如随处可见的双条车、银行、广告牌等。文化是一个国家、一个民族的灵魂，作为汉语教师，了解任教国家的传统文化和习俗是非常重要的，这对今后的教学和生活都大有裨益。

我与身着各色制服的学校老师合影

三、理论聚焦

文化在跨文化交际中的地位

我们研究跨文化交际主要是研究文化、交际、文化与交际的关系、在交际过程中容易产生的问题以及如何增强跨文化意识等课题，而文化是贯穿这些课题的线索，也可以说文化是跨文化交际研究的核心。具体说来，影响跨文化交际的文化因素主要包括以下方面：民族历史、宗教思想、价值观念、社会组织形式、风俗习惯、政治制度、社会发展阶段等。

四、案例反思

上述颜色崇拜与泰国的佛教文化息息相关，在这样一个全民信佛并且尊敬王室的国家，汉语教师要如何增强跨文化意识呢？对此，我提出以下几点建议。

第一，了解佛教国家的习俗与禁忌。

例如，在泰国，头顶被视为最神圣的部位，一个人的头顶只有自己的父母和高僧可以触碰，去理发时理发师常常都会先向顾客道歉才会开始理发。我们平时在给学生上课时，即便学生很可爱或者上课表现好，也不能摸他们的头。但也有例外：在一年一度的拜师礼上，老师可以轻轻地摸学生的头。还有，不可随意议论泰国王室，非议国王是一种犯罪行为，有被警方逮捕的风险；如果有人说了国王的坏话，他也会被当地民众排斥。

第二，认真了解特定文化内涵，遵守当地的风俗习惯。

正如案例所示，我所在的学校要求老师们每天穿不同颜色的制服上班，那么我应该提前去了解这种行为背后的文化内涵，在着装时才不至于将制服颜色弄混，避免产生不必要的麻烦。

第三，提高差异文化敏感度。

在中国，教师在学校的着装要求正式、大方、符合教师规范，一般不会对颜色有特殊要求。如果我们对异质文化缺乏相应的敏感度，在收到制服时就会想当然地认为几套制服颜色不同仅仅是为了好看。这样很可能会被当地教师和学生视为对他们国家文化的不尊重，从而引起双方的误会。

第四，加强对不同文化对比分析的意识。

不同国家有不同的国情和文化。颜色文化在世界各国都存在，但是其含义大不相同。例如，蓝色在泰国文化中，代表和平安宁，但在中国，蓝色一般没有特殊的含义指向。更多时候人们想到的是自然环境，如蓝天或大海；也有可能会联想到某些职业，如海军。如果提到红色，中泰两国人民可能都会想到能量、热情等相关意向。这说明在文化中，既有不同点，也有相同点。如果我们缺乏对文化作对比分析的意识，很有可能会在无形中犯了别国民众的忌讳。

五、思考与实训

1. 阅读"案例叙述"，你认为任教老师接受当地教师的安排，每天穿不同颜色的制服去上课的行为如何？如果遇到这样的要求，你会选择入乡随俗吗？

2. 你认为案例中提到的颜色崇拜对于今后去泰国任教的汉语教师是否实用？

3. 你还知道哪些中泰两国在文化方面的差异？

4. 你认为了解不同国家的文化差异重要吗？如果你要去某一个陌生的国家当汉语教师，你会从哪些方面入手了解该国文化？

六、延伸阅读

1. 段袁冰. 联想与差异：颜色里的泰国文化［J］. 云南社会主义学院学报，2015（2）.

2. 李江南. 颜色在泰国社会及泰语中的文化内涵探析［J］. 文化创新比较研究，2019（19）.

3. 张宏莉. 颜色词价值取向与色彩崇拜意识的跨文化透视［J］. 湖北广播电视大学学报，2007，27（12）.

案例二

你为什么不洗澡？

关键词：移情能力；跨文化交际；沟通技能
案例作者：黄栩

一、案例场景

我在泰国时，洗漱习惯和国内一样，即在晚上睡前洗澡。但是因泰国常年高温，人们习惯在一天的早上和晚上都冲凉，有的人一天甚至会洗好几次澡，所以当地教师曾对我的洗漱习惯有些不理解。

二、案例叙述

有次在和当地教师聊天时，我们谈到了各自的生活习惯。当老师们抱怨因住的楼层太高水压不够而缺水，无法洗澡时，我提出了疑问："你们早上也会洗澡吗？"坐在我对面的一位老师突然大声地反问道："你为什么不洗澡？不洗澡是不爱干净的！""我没有不洗澡啊，我习惯晚上洗澡。"我说完后，大家都十分不解地看着我，但紧接着就到了上课的时间，这个问题还没有讨论出结果，大家就都纷纷走开了。

在国内，我身边大部分的人都习惯晚上洗澡，因为结束了一天的学习或工作，洗个澡可以缓解一整天的疲倦。以前我只知道靠近热带的地区和国家的人们会因为天气炎热而习惯每天多次冲凉。但是在我看来，冲凉和洗澡是有一定区别的。所以老师们说的早上洗澡到底是怎么一回事呢？

第二天午间休息时，我和昨天那几位老师在办公室又讨论到洗澡的问题。因为有了昨天的经历，所以我打算有什么疑惑一定要当面问清楚，这也是一个相互了解对方国家文化的好机会。于是，我开门见山地说出了昨天的想法，在中国，大部分人每天只会在晚上洗一次澡，然后上床休息。只有靠近热带的几个城市，人们才会每天冲几次凉，但是洗澡和冲凉是有区别的，冲凉和洗澡相比用时更短，用水冲掉身上的汗即可。办公室里的老师们听了后说，他们说的早上的洗澡和冲凉的意思差不多，因为泰国处于热带地区，全年平均气温都在30℃以上。因此他们习惯早上起床后冲个凉，以保持身上的舒爽，晚上洗澡则和我们差不多。

在聊天过程中我还了解到,泰国北部地区多数人的家里是安装了热水器的,但在泰国的南部,比如曼谷,大多数人家里是不安装热水器的。因为泰国南部全年高温,闷热难耐,所以人们习惯了用冷水洗澡,并且一天中可能不只洗两次澡。

经过这次交流,我了解到泰国因为天气的原因与我们国家靠近热带的一些城市一样,都会因天气炎热每天冲几次凉。泰国老师也明白了我说的洗澡和冲凉的区别,知道了早上不洗澡并不是不爱干净的表现。

三、理论聚焦

跨文化的人际交往

跨文化交际本质上是一种人际交往。在跨文化交际中做到礼貌、得体,给人留下良好的印象,并建立友好而和谐的人际关系是每个人的愿望。由于文化会影响人们对社会关系的理解,所以不同文化的人在人际交往模式上存在很大差异,社交活动和公共场合的行为也有不同的习俗和礼仪。如果不了解不同文化的人际关系特点、交往习俗和公共礼仪,就会出现尴尬和失误,给人留下负面印象,有时还会引发人际关系的危机。

四、案例反思

随着全球化的发展,世界各国的文化交流日益频繁。不同文化碰撞时,不可避免地会出现一些问题,因此针对这些跨文化交际中出现的问题,我总结了以下几点对策与大家分享。

第一,有疑惑的问题,及时提出。

如上述案例,在和泰国老师聊天过程中,当他们在抱怨缺水时,我及时抛出了自己的疑问。如果我当时没有及时提出这个问题,那么这个疑惑就会一直存在于我心中。细想一下,也许会发现泰国的某些习惯与我们国家的一些地区的习惯存在相同点,但是解决问题的最佳办法仍然是直接和当地教师沟通,这样才不至于出现理解上的偏差。

第二,积极沟通,减少误会。

在上述案例中,因为上课时间到了,所以没有讨论出结果。聊天结束后,泰国老师或许就会认为我早上不洗澡是不爱干净。但由于第二天我主动找到他们再次沟通这个问题,解释了洗澡和冲凉的区别,最后消除了大家对我的误解。如果我没有主动去沟通,或许就会给当地老师留下我"不爱干净"的印象，这样对于以后来这所学校任教的汉语教师来说也是一种"隐患"。只有我及时把误会解开，才不至于让泰国老师对我或是以后来的汉语教师甚至其他国人产生负面印象。

第三，培养移情能力。

移情能力简单来说就是站在对方角度看问题。作为跨文化交际者，培养移情能力是一项十分重要的任务。俗话说："当局者迷，旁观者清。"有时不管是我们还是异国的老师和学生，在讨论问题时都会下意识地站在自己的立场去看待对方所提出的问题，这就有可能会出现尴尬场面从而导致交际失败，不仅会造成双方不愉快，有时甚至会引发人际交往的危机。本案例中，我和泰国老师最后都理解了引起误会的原因是洗澡和冲凉的不同，而不是之前提到的是否爱干净的问题。

简而言之，产生误会时及时有效地采取行动，并且换位思考找出问题产生的根源才是避免跨文化交际失败行之有效的办法。

五、思考与实训

1. 阅读"案例叙述"，在尴尬或是被误会的情况下，怎么做才能化解这种处境？

2. 结合实际经历谈一谈，在生活中如果被误会，你是否会生气？在跨文化交际中是否也会生气？

3. 阅读全文后谈一谈，对于该教师提出的建议，你认为是否可行？还有更好的解决办法或经验与大家分享吗？

4. 搜集资料，说一说你认为在跨文化交际中最重要的能力或策略是什么，理由又是什么。请举出实例谈一谈。

六、延伸阅读

1. 程爽. 跨文化交际中文化移情能力的价值与培养 [J]. 吉林省经济管理干部学院学报，2016，30（4）.

2. 胡文仲. 跨文化交际学概论 [M]. 北京：外语教学与研究出版社，1999.

案例三

泰国人的出行方式

关键词：交通工具；生活习惯；文化对比
案例作者：黄栩

一、案例场景

在泰国生活的数月，我发现泰国人的出行习惯和出行节奏与他们的生活环境息息相关。因常年高温，所以他们出行时常常会选择各种代步工具，哪怕是一两分钟的路程，也极少有人愿意走路。到任教学校后，我时常跟着当地教师去招生，有时也会单独出门，因此坐过很多不同的交通工具，现将这些感受记录下来与大家分享。

二、案例叙述

在泰国任教期间，我发现泰国人在衣食住行方面有许多和我们不同的特点。众所周知，泰国人喜欢吃甜辣口味的食物；喜欢穿颜色鲜艳的衣服。在泰国待的时间长了，我发现他们的出行方式也非常值得讨论。泰国的交通工具，我基本都体验过。我在学校参加团建时坐过火车卧铺、火车三等座、渡轮以及双层巴士，日常出行时坐过嘟嘟车、摩托车、双条车、小车等。接下来我将介绍几种我体验过的交通工具。

首先是大型的交通工具，比如飞机、火车、长途巴士等。从中国到泰国时，我是乘坐飞机到曼谷素万那普机场，再从曼谷转乘航班的。泰国国内的航班非常便宜，各个旅游城市之间的航班定价都在 100～200 元人民币。无论是当地居民还是外国游客，折返两个旅游城市常常都会选择乘坐飞机。此外，火车和长途巴士也是不错的选择，适合时间充裕或是希望欣赏沿途风景的人。我所任教的学校每年 12 月都会组织一次团建，全校师生可以借这次机会一起旅游。在我参加的这次团建中，我们从泰国北部的南奔府出发，目的地是泰国中部的海滨城市华欣。一路上我们先坐了火车去南邦，参观了牧场和植物园，之后从南邦租双层巴士去华欣。泰国的火车乘坐方式较为简便，乘客只需要买票然后在站台等着火车进站就行，流程类似国内地铁。短途的火车一般是三等座，票价为 10~20 元人民币不等。如果是长途火车，火车内部的设计就和我们国内的不同了。白天火车上是两个座位相对，晚上七点之后乘务员会将两个座位拉开拼成一张床，这是下铺；顶上的柜子也可以拉开变成上铺，然后再统一发放被子和枕头。如果是乘坐长途巴士，则需要去专门的长途车站。长途巴士通常分为上下两层，有两个司机轮换着开车。我们学校因为需要沿途参观各地的景点，所以选择了租车。我们请的两个司机全程送我们到达目的地，期间吃住的费用由学校承担。这样的包车服务价格会比单独坐车更高，不过自由度也更高，适合集体出游或是享受慢节奏生活的人群。

其次是渡轮，泰国海岛众多，如果需要上岛，坐渡轮是最快捷的方式。坐渡轮需要提前查询好时间表，了解每日渡轮的班次。例如，从芭堤雅到格兰岛，就需要在芭堤雅港找到对应的码头，然后买票上船。

最后是日常的交通工具，泰国日常的交通工具种类非常丰富。在街头，你可以看到具有泰国特色的双条车、嘟嘟车，还有当地人出行常用的皮卡和摩托车。特别要说明的是，泰国车是右舵，所以出门需要分清楚上下行车道。在日常的交通工具中，人们会根据不同的出行目的选择不同的交通工具。例如，需要采购物品或拉货时，人们常常开皮卡出门；如果是上班或出门聚会，则是开小车；若是出门买菜这样短距离的路程，他们会骑摩托车。还有一种情况：在曼谷这种交通拥堵情况比较严重的城市，或是在一些没有其他公共交通工具的偏僻乡村，人们会选择乘坐运营的摩托车。而双条车和嘟嘟车，则类似我们国内的三轮车，招手即停并且可以和司机商量价格，要求司机送到指定的目的地。比起出租车，这两种车的自由度和性价比更高。

泰国的交通工具和交通方式与国内相比，相同点是交通工具种类丰富；但是作为汉语教师或是跨文化交际者，我们更应该关心其中的不同点。比如，泰国的公共交通基础设施建设不如中国完善，除了旅游城市，大部分乡镇都没有固定的公交路线，也没有乡村公交车；泰国日常出行的交通工具安全设施不完善，人们的安全意识相对薄弱，例如，双条车经常出现超载现象。还有一个不同点是人与人之间的不同，就我所接触的泰国人而言，无论是学生还是老师，他们都非常依赖交通工具，不爱走路。从教师公寓到教室或办公室，走路只需要两三分钟，但是泰国教师大部分会开车或是骑摩托车过去。有一次我和学生去动物园，因为坐错车，需要折回上一个景点，我选择走路但学生却不愿意，更想坐车返回。

有时在出行方面遇到我无法理解的情况时，我也会反思或是直接说出我的疑惑。比如他们不愿意走路是因为天气太热了，所以不喜欢在室外待太长的时间。而面对超载现象，他们认为出现交通事故的概率较小所以不是特别在意。最后，因为拥有代步工具的家庭占绝大多数，所以公共交通也显得不那么重要了。我认为，也许是由于泰国交通的发展情况、气候和人们的性格等各种因素，才形成了与我们不同的出行方式。

泰国短途火车

在双层巴士内部与学生们的合影

三、理论聚焦

文化的特征

文化具有民族性，是以民族文化的形式体现的。同一民族有共同的文化（当然其内部也必然存在有差别的亚文化）；而不同民族的文化之间虽然也有相同之处，但由于各民族历史发展的过程、生活环境和生活方式的不同，表现出不同的文化特色，形成了民族间的文化差异。各民族文化的共同之处，有利于各民族人民相互理解；而各民族间的文化差异固然会造成跨文化交际的困难，但我们的世界是由多元文化构成的世界，各民族发展有自己特色的民族文化，并互相影响、互相渗透，就能为丰富我们的文化、为发展人类的文化做出贡献。

四、案例反思

作为汉语教师，因为社会环境、历史文化背景等各方面的不同，在外经常会遇到很多我们难以理解的情况，比如"案例叙述"中提到的泰国老师宁愿开车或骑摩托车去教室，却不愿意花一两分钟走路。为了减少跨文化冲突，我有以下几点建议与大家分享。

第一，尊重当地习俗，适当文化适应。

作为汉语教师，我们有一套自己的生活方式和生活习惯，但当我们出国教学时，为了顺利完成教学任务以及使自己更好地融入当地生活，我们有必要适当适应异国文化。

第二，遇到问题，及时寻求帮助。

在泰国任教时，我经常遇到的一个问题是出行不便。因为没有固定的公交车，我也没有自己的交通工具，所以经常向学校其他老师或是学生寻求帮助。我会提前告知他们我要去哪里，拜托他们开车或是骑车载我一程，他们也欣然同意。

第三，放平心态，换位思考。

因为生活环境的差别，我平时多选择走路出行，但是其他老师或学生更倾向于骑车或乘车。换位思考，他们不喜欢炎热的天气，并且在有更便捷选择的情况下，不愿意走路也"情有可原"，我不应该以自己的生活方式去要求别人或揣度别人的想法和行为，而是应该放平心态，站在他们的角度考虑问题。

简而言之，遇到困难不要逃避，要积极寻找解决问题的办法。有疑惑可以及时向当地教师请教，需要帮助时也可以大方开口。面对文化冲突要及时调整自己的心态，客观看待问题，避免"以己度人"。必要时我们可以选择适当文化适应，帮助自己更好地融入当地生活，完成教授汉语和传播中国文化的任务。

五、思考与实训

1. 你观察过中国的交通工具吗？你认为中国人在出行方式的选择和交通工具的使用上有什么特点？

2. 结合"案例反思"思考：如果你在国外任教，你会选择文化适应吗？你赞成作者提出的建议吗？

3. 阅读全文，从汉语教师的角度出发，你认为跨文化交际中最重要的能力是什么？

六、延伸阅读

1. 李享，邢雪艳，吴泰岳，等. 旅游出行方式研究——消费行为视角 [M]. 北京：旅游教育出版社，2011.

2. 日月. 泰国交通风景线 [J]. 汽车与驾驶维修：汽车版，1998（12）.

3. 余丰. 泰国交通见闻 [J]. 交通与运输，2012，28（1）.

案例四

等待，等待

关键词：泰国；时间观念
案例作者：黄霞

一、案例场景

我在泰国南奔府一所私立学校教授汉语，周末或放假时会在学校周围逛一逛，喜欢和其他学校的汉语教师相约外出游玩。刚到学校时，因为语言障碍，我和当地的泰国老师只在工作上有问题时才交流。我对泰国很多生活习俗的了解，也只停留在书面，还未亲身经历过。

二、案例描述

我到泰国一个多月以后，逐渐适应了在泰国的生活，与其他老师也熟络起来了。某个周四的下午，一位泰国老师邀请我周六上午一起出去玩。我想着到泰国这么久了，还未出去好好玩过，正好可以借此机会拉近和当地教师的关系，于是欣然答应。我们约定周六早上10点在校门口见面，出发前一晚我再三跟泰国老师确认了见面的时间和地点，第二天我还提前了10分钟到校门口等待，但10点时泰国老师还没有出现，直到10点半，我给邀请我的那位老师发信息时，她才说已经把见面时间调整到了11点。最后，11点左右，老师们才陆续到达学校。

等大家集合完毕已临近中午12点了，我以为是去学校的周围游玩。结果泰国老师说到目的地大概要2个多小时的车程。这时我有点不开心，心里想：既然要去这么远的地方，为什么不按照最先约定的时间早一点出发呢？最后到达吃午饭的地点已经下午1：30左右了。我以为只是在这里吃个饭，吃完再去其他地方游玩。但泰国老师说就在这里玩。后来我发现这里很安静，我们在小溪旁搭建起来的小竹篷里吃饭，偶尔能看到有游客从小溪上漂流经过。菜上得很慢，但一边吃菜，一边欣赏小溪边的景色，这使我渐渐忘掉了心中的不愉快。

小溪旁的小竹篷

三、理论聚焦

时间观念

时间观念，是指人类在漫长的社会过程中逐步产生的对时间的认识。而时间的观念既属于非言语交际的概念，又是一种民族文明的主要成分。它不但影响着人类的行为习惯的养成和教育，而且影响着人类的思维方式。不同语言文化背景下的人，他们在社会情况和历史文化背景等方面有所不同，因此，对时间的态度也就不同。时间观念的不同会对跨文化交际活动形成一定的障碍，具有不同时间观念的人在交际过程中也更容易产生误解和冲突。中国和泰国都有自己独特的文化背景。因此，在跨文化交际中要注意交际双方文化中时间观念的差异。

四、案例分析

中国人和泰国人在时间安排上存在很大差异。中国人很重视养生，因此，在中午，一般会安排大约两个小时的午休时间。对于泰国人来说，工作时间是上午8点至下午4点，中午没有午休时间，只有一小时的午餐时间。此外，对于中国人来说，夜生活从晚上8点开始。而泰国则是从晚上7点开始。对于日常生活中的约定时间，中国和泰国也持不同态度。在日常生活中，中国人认为比约定的时间提前到达约定地方，表明很重视这个约会；如果迟到10分钟左右，也可以被原谅；但如果迟到半小时或更长时间，会被视为非常不礼貌。但在泰国人的日常生活中，比约定时间迟半个小时是很常见的，对方不会对此感到不满，他们对迟到有很高的容忍度。泰国人对待时间比较随意自由，如果不了解这一点，会对双方的交际活动造成不好的影响。

中国和泰国对待节假日的态度也有所不同。在中国，如果假期占用了原本该工作的时间，那么，按国家规定，会把被占用的工作时间弥补回来，即所谓的调休。而在泰国则不同：如果假期占据了本该休息的日子，那么应该休息的日子才是需要补上的。因此，许多在中国工作的泰国人对中国的调休制度感到非常不舒服，而在泰国工作的中国人则非常喜欢他们的假期制度。此外，泰国人更注重私人时间和享受生活。在中国，假日有很多商业活动，是商业场所人气较旺的时间。相反，在泰国，许多商店和餐馆，尤其是一些自营商店，会在节假日停业。

在跨文化交际中出现问题时，应积极采取措施应对：

1. 摒弃"文化中心论"，加强理解和相互尊重。中泰两国的时间观念各有其特点。我们不能用一个国家的标准来衡量一切，不认同其他国家的文化。虽然在交际中因双方的时间观念不同可能会产生一些冲突，但它们在本土文化中是合理的，因此我们应该在这种观念的指导下理解和尊重对方的时间观念和人们的言行。我们应时刻保持"好奇心"，接触不同的风俗习惯时，我们既要尊重，也要注意观察和记录，发现其中的差异。

2. 及时调整，入乡随俗。我们了解了不同的地方习俗后，更重要的是及时调整心理状态和处事方法，积极融入当地的生活。这样才有助于减少矛盾和疑惑，使跨文化交际活动顺利进行。

五、思考与实训

1. 阅读"案例描述"，如果你在外国遇到了类似的情况，下一次见面的时候你会怎么做？是按时到达，还是入乡随俗？

2. 结合所学知识，谈一谈中国人的时间观念。

六、延伸阅读

1. 郭璐汕. 浅谈中泰跨文化交际中的时间观念［J］. 文学教育，2019（1）.

2. 黎琤. 从跨文化交际看中泰民族时间观念的异同［J］. 法制与经济（中旬），2012（3）.

3. 张梦依. 跨文化交际——中泰时间观念比较［C］. 荆楚学术，2019（8）.

4. 樊然，朱春敬. 中泰跨文化交际中的时间观念［J］. 文学教育，2017（2）.

5. 曹敏. 浅析中西方时间观念差异及其对跨文化交际的启示［J］. 时代教育，2015（18）.

● 案例五

脱鞋文化

关键词：泰国；生活习俗
案例作者：黄霞

一、案例场景

我在泰国南奔府一所私立学校教授汉语。刚到学校时，因为语言障碍，和当地的泰国老师交流甚少，且由于到校时间短，我对当地的文化习俗也知之甚少。

二、案例描述

在去泰国之前，通过搜索网络资料、向有经验的人询问等方式，我对泰国的生活习俗有了一定程度的了解，也惊讶于中泰生活习俗差别竟会那么大，其中最出乎我意料的是泰国人进寺庙不穿鞋。到泰国后，我才发现，泰国人不仅进寺庙不穿鞋，在学校也基本不穿鞋。我初到学校时，泰国的管理老师带着我逛校园，参观了教室以及办公室。每进一栋楼都要脱鞋参观。当时我穿的是运动鞋，穿脱很不方便，以至于每次换地方参观时，泰国老师都要等我好一会儿。这也是我第一次没穿鞋在公共场合走来走去，在觉得很不好意思的同时也觉得不太礼貌。但那些泰国学生光着脚在地板上跑来跑去，看起来对此事毫不在意。他们只要踏进屋檐下就会脱鞋，如果教室在楼上，他们会拎着鞋上楼，再把鞋子放在教室门口的鞋架上。等到周末，我去买了拖鞋，我想着应该可以在室内穿拖鞋吧。周一上课时，我穿着拖鞋走进教室，正好被隔壁教室路过的泰国老师看到了，她说，校长不喜欢老师在教室穿拖鞋。最终我只好入乡随俗了……

为了穿脱鞋子方便，泰国人在日常生活中都是穿拖鞋的。周一到周五，泰国老师们都是穿的易脱的鞋。周末放假时，我和几位泰国老师相约去逛商场，发现她们也都是穿的拖鞋。等走进商场时我发现，大多数人穿着漂亮的裙子、帅气的T恤，但脚下都会搭配一双拖鞋。后来我在泰国生活久了，对这种现象也习以为常了，逐渐地，我也每次出门都穿拖鞋或者便于穿脱的鞋。

泰国学生室内上课

与泰国学生的合影

三、理论聚焦

同质文化圈理解限制

在跨文化交际过程中,面对某一新事物时,人们总是倾向于而且常常是不假思索地认为他人与自己有相同的视角,而这种"假定相同"在很大程度上会造成我们理解不同文化的障碍,也就是"同质文化圈理解限制"。正如本案例中我认为泰国室内不准穿鞋，但应该和中国一样在家里可以穿拖鞋，事实上泰国人在家里也是不穿拖鞋的。

文化认同

文化认同主要是指在国家和民族之中人们对于自身文化的认同感。一个具有较多知识储备的人，不仅会对自身的文化产生认同感，还会在了解不同文化之后，对其他的文化予以认可和尊重。文化认同和在某种文化背景中生活的时间长短也存在一定的关联，如果一个人在一个地方生活了较长的时间，那么就会对这一地区的文化产生一定的了解，且认同这一文化。在文化认同这一背景下，跨文化交际者可以减少文化之间的冲突，营造一种更加信任彼此、尊重彼此的交际氛围。但文化认同并不意味着不认可文化差异，只有在交际的过程中，充分认识其他文化，才能够推动跨文化交际顺利开展。

四、案例分析

泰国受佛教观念的影响，认为头是最神圣的地方，脚是最脏的地方。他们认为人的脚每天在地上走，踩泥又踩土，接触的东西都是脏兮兮的。但随着生活水平的提高，人们用穿鞋代替赤脚走路，所以鞋也被视为肮脏的物品。为了表示对佛祖的尊敬，信徒进寺前需要脱鞋。也由此，为了表示对教师的尊敬，学生在进办公室前也会脱鞋。不仅如此，在逛有些私人店铺时，顾客出于礼貌也会脱鞋进入。

作为汉语教师队伍的一员，在进行教学活动之前，我们首先要融入当地生活，因此需要注意以下几点：

第一，要尊重当地文化。这是对待任何一种文化最基本的态度。然后要积极主动地了解该文化。我在泰国时积极主动融入当地生活，有不懂的地方及时询问泰国老师，也常常利用空闲时间出去走走，了解泰国本土的文化民俗与社会习惯。

第二，注意分析母语文化与异质文化的异同。着重关注两者之间的差异部分，提高文化敏感度，求同存异。通过多了解、多接触异质文化来打破原有的思维定式，以推动交际顺利进行。例如，中国学生和泰国学生都很尊重老师，只是表现方式不一样。泰国学生会通过光脚和拜师节来表现对老师的尊重，而中国虽然没有这种习俗，但在日常生活中也会通过礼节来表示尊重。

五、思考与实训

1. 阅读"案例描述"，假如你在泰国生活了很久，依旧无法适应脱鞋文化，你会怎么做？

2. 结合案例，谈谈你如何看待中泰之间的生活差异问题。

六、延伸阅读

1. 陈军军，Anchalee Chang–In. 泰国生活习俗研究 [J]. 旅游纵览（下半月），2015 (12).

2. 黄素香. 赴泰汉语教师志愿者跨文化交际问题的研究 [D]. 天津：天津师范大学，2019.

案例六

泰国宗教文化

关键词：泰国；佛教文化
案例作者：黄霞

一、案例场景

泰国是一个宗教信仰气息浓厚的国家，在很早之前我就有所耳闻，但没有深入了解。在泰国工作后，我才深刻体会到泰国宗教文化之深厚。

二、案例描述

一个十分忙碌的上午过去了，我刚上完初中班级的汉语课，正坐在办公室里休息，思考着幼儿园汉语课该设计什么新活动来吸引学生的注意力。此时，负责老师走进办公室，通知第二天幼儿园的汉语课取消了。我问及原因，她表示该班学生要去寺庙进行日常诵经活动，对此我感到十分不解和疑惑。在中国，一般都是以学校课程为重。但在泰国，学校课程安排并不是不可撼动的，特殊情况下他们会选择暂停学校课程来进行宗教活动。我带着疑惑与好奇，第二天与他们一起坐校车去了寺庙。幼儿园的学生两两组队，手牵手进了寺庙，跪坐在地板上等着住持诵经。然后老师拿出了礼物送给住持，学生挨个接受住持的摸头与祝愿。那时，我才真正认识到宗教信仰在泰国的全民化和生活化。

泰国学生在前往寺庙的大巴上

泰国学生听住持诵经

三、理论聚焦

宗教文化差异

　　跨文化交际研究中主要关注的问题是文化差异，而宗教又是文化的重要组成部分，忽视宗教文化差异往往会导致跨文化交际的失败。美国心理学家

Michael Argly 对 Samovar 和 Porter 在 *Intercultural Communication: A Reader* 一文中提出的跨文化交际中主要问题进行补充，增添了 Samovar 和 Porter 没有提到的社会行为准则和宗教观念。这是宗教因素首次被纳入跨文化交际领域。无论是同一宗教信仰的群众交流，还是不同宗教文化信仰的群众交流，宗教都可以加深彼此语言信息的理解，促进跨文化交际。

四、案例分析

一直以来，跨文化交际对宗教方面的话题讨论较少。但是，当我们和宗教氛围浓厚国家的人民进行交际时，不可避免地会谈及宗教话题。

佛教与泰国人民的生活密切相关。他们修行佛教教义、遵守五戒、保持戒律和智慧，佛教思想深入泰国人民生活的方方面面。例如，在泰国，婴儿出生后，父母会带他们去寺庙，让僧侣给他们取名，并为婴儿首次剃发。他们还请求僧侣诵经和布道，寓意吉祥如意。当男性年满 20 岁时，他需按照习俗暂时出家，婚前在寺庙接受佛教教育。泰国民间流传着一句俗语："儿子出家穿黄袍，父母死后上天堂。"对于男性来说，出家是报答父母的一种方式。出家的主要目的是学习佛教思想，了解人生的智慧，可以利用这些知识来调整未来的生活。泰国男子通常在"夏季节"之前成为僧侣，然后在为期三个月的夏季节期间了解佛教。此外，每逢佛教节日，泰国人都会去寺庙拜佛、放生和布施。根据泰国的婚礼习俗，新人在举行婚礼时会请求僧侣为其诵经并祈祷祝福。泰国人去世后，其亲属也会在寺庙举行葬礼。

在海外教学，遇到宗教问题时不要一味地回避，要采取适当方法积极面对，提高跨文化交际的能力。首先，要储备宗教文化知识。在泰国任教时，教师不仅要具备基础文化知识，也要结合泰国当地特别是所在学校的实际情况，有针对性地储备宗教文化知识。其次，培养跨文化交际意识。汉语教师应该有多元文化意识和文化平等的观念，认识到文化差异是普遍存在的，但文化之间并没有优劣之分，要平等地看待不同文化。在跨文化交际时，注意避免民族中心主义，要理解、尊重对方的文化，这样才有助于跨文化交际的顺利进行。

五、思考与实训

1. 结合跨文化交际知识，谈谈你会如何与来自宗教氛围浓厚国家的同事与学生相处。

2. 假如你的宗教观念和泰国当地人的宗教观念有冲突，你会怎么处理？

六、延伸阅读

1. 陈媛. 跨文化交际中的宗教文化困惑案例分析 [J]. 青年文学家, 2019 (23).

2. 施雁. 21世纪初泰国文化政策研究——基于宗教与文化遗产的视角 [D]. 昆明：云南民族大学，2019.

案例七

多样化的课堂

关键词：泰国；多样课堂；教育制度
案例作者：黄霞

一、案例场景

在本科学习阶段，我已经知道中西教育制度有所区别。西方的课堂以学生为主体，课程种类丰富，课下活动多样。但对于泰国的课堂形式和教育制度我知之甚少，认为泰国跟中国距离近，教育制度应该相差不大。在泰国任教后，我才知道，距离近并不等于差距小。

二、案例描述

我在泰国南奔府一所私立学校上课，教学对象为幼儿园和初中阶段的学生。尽管该学校已开设了好几年汉语课，但由于不纳入考试，学生对汉语学习不重视，汉语水平普遍较低。在该校授课的一学期里，可能有五分之一的汉语课程因为各种原因被耽误，导致教学无法正常进行。

天下午，上课铃响了，我走进教室后，发现学生们都在室外做手工作业，我让他们进教室上汉语课，但泰国负责老师走过来告诉我说，他们手工作业要完不成了，这节课就不上汉语课了，让他们自己完成作业。假如我刚到泰国授课，我肯定会感到疑惑和气愤，而我在这里已经待了几个月了，对这种现象已经见怪不怪了，但我一直都在思考：为什么要浪费这么多的教学时间来进行课外活动？学校要举办活动，学生们可能利用汉语课时间制作道具以及彩排；有寺庙住持来学校，全校停课诵经；国王生日，放假两天；有其他学校老师到学校参加活动，全校停课两天做准备；等等。

幼儿园学生的手工作业

初中学生的兴趣课

三、理论聚焦

中西方教育理念

文化影响教育的方式和理念，教育是文化的体现。第二语言的教学是一种跨文化交际活动，教学中的教学风格、课堂管理方式、教学方法都受到文化的影响与制约。这些方面的差异会给来自不同国家的教师与学生的教学和交流带来挑战。西方的教育因为受到人本主义心理学和建构主义理论的影响，将学生放在教育体系的中心位置。人本主义强调充分发挥学生的实力，注重学生的情感与个性发展。建构主义的重点是强调学生是认知过程中的主体，是知识的主动构建者，而不是被动的灌输对象。

西方以学生为中心的教育理念主要体现在两个方面：首先，课程内容和教学内容充分考虑学生的需要和兴趣。西方学校通常在学期开始和结束时进行问卷调查。开学时的问卷调查是为了了解学生对课程的需求、兴趣和期望。课程结束后的调查不仅是为了评价教师的教学，也是为了让学生表达自己的主观感受和提出建议。教学大纲和教学内容将根据学生的意见和反馈进行调整和改进。其次，学生是教学过程的主体。课堂上的大部分时间是师生讨论、学生讨论或小组活动。一般来说，教师在课上的发言量不能超过整个课堂发言量的25%。中国提出了学生应该德、智、体、美、劳全面发展的方针，但从目前社会发展的总体水平来讲，全面贯彻这个方针还要继续努力。虽然中国和泰国都位于亚洲，但泰国的教育体系以西方教育体系为基础，这就是泰国的教育模式不同于中国的原因。

四、案例分析

泰国学校的课程安排体现出对学生的全方面培养，他们会从学生的素质、想象力、创造力和实践能力的培养目标出发来安排课程。学生的学习可以分为两个部分：课内学习和课外学习。每天下午 3 点 10 分后学生结束文化课的学习，开始丰富的课外活动，他们可以选择自己喜欢的兴趣课，也可以不参加，直接回家。初三年级的学生也不例外，学校不会因为学习任务繁重、时间紧迫和升学压力大而取消其参加活动的资格。根据中国的习惯，一学期的最后一周是考试周，考试前一周是复习周，老师和学生都要准备期末考试，所以会尽量取消课外活动。但在泰国，考试前一周依然是各式各样的活动：毕业典礼、演讲比赛、歌唱比赛、才艺比赛等，基本不会因为马上期末考试而取消。

作为汉语教师，如何才能更好地应对这种教育文化差异呢？

首先，在不同的文化环境中，应该学会适应不同的教育理念和模式。比如，在泰国教授汉语时，应该充分考虑泰国学生的学习需求、风格和目标。大多数泰国学生不认为学习是唯一的出路，上学只是在他们的年龄阶段该做的一件事情，学校对学生要求也不高。因此，若汉语教师在教学时，对学生期望过高，教学计划制定得过于紧密，反而不利于教学。

其次，转变自己的思想。不要一味地以为学生只有在教室课堂上才能学到知识，参加其他课外活动是浪费时间。事实上，学生可以在不同的地方、以不同的形式学到不同的且不限于书本知识的东西。

五、思考与实训

1. 阅读"案例描述"，假如泰国的多样化活动严重影响了汉语教学进程，你会怎么做？

2. 中国与泰国的课堂管理与课外活动有很大的差别，请谈一谈其中的原因。

六、延伸阅读

1. 高佳佳. 中泰教育理念差异在泰国汉语教育中的表现与影响［D］. 西安：西安石油大学，2021.

2. 何洋洋. 泰国中小学道德教育研究［D］. 桂林：广西师范大学，2016.

3. 张凡. 泰国的教育制度与汉语教学现状［J］. 湖北广播电视大学学报，2011，31（12）.

4. 马庆发. 泰国教育制度初探［J］. 外国教育研究，1995（1）.

5. 王妙茹. 浅析中泰教学中的文化差异［J］. 北方文学，2019（14）.

案例八

午觉，无！

关键词：泰国；生活习俗；作息时间
案例作者：黄霞

一、案例场景

午饭后小憩一会儿是大部分中国人从小学时代就开始养成的习惯，而这个习惯看似寻常，却在我到泰国任教之后一度给我带来不适。究其原因，是泰国人基本没有午休的习惯，而我不甚了解。

二、案例描述

到泰国教学之前，汉语教师需要在芭堤雅进行为期一周的培训。负责培训的老师考虑到我们都刚到泰国，将培训安排得相对轻松。并且我们刚到泰国都很激动，中午没睡午觉也没有觉得不习惯。培训结束后，我们分别去了自己的学校。到南奔学校的时候是周末，学校负责老师把我的课表和作息时间表分发给了我。我首先为3：30的放学时间所震惊，而当我仔细查看时间表后发现，中午竟然没有午休时间，下午课程直接从12：30开始。我向学校负责老师确认了一遍："下午上课真的是从12：30开始上吗？没有打印错吗？"老师也给了我很确切的答案："没有错！"

当我上完周一上午的三节课，疲惫至极，只想回宿舍睡个午觉好好休息一下时，我突然想起这里并没有午休时间，只有一个小时的午饭时间。考虑到下午还有课，我决定抓紧时间吃完午饭，在办公室趴着小睡一会儿。泰国老师走进办公室发现我在办公桌上趴着，连忙跑来问我是不是不舒服，建议我去看医生。我连忙解释道："在中国大家都有午休的习惯，我今天上午上了三节课，想趴着休息一会儿。"泰国老师这才放心回到她的位置。之后，我每天中午都会在桌子上趴着午休，泰国老师也不觉得奇怪了。

三、理论聚焦

文化差异

霍尔（Hall，1959）说："文化是交际，交际是文化。"这个著名的定义把文化与交际紧密地联系在一起。但是文化与交际的侧重点又有区别：文化关注的是结构，而交际关注的是过程。虽然文化与交际相互作用，但是在跨文化交际领域，人们谈论得更多的是文化对交际产生的影响。时间观念是非语言交际的重要维度，也是价值观的一种体现。人们如何看待和使用时间是在特定文化中慢慢习得的，带有文化的特征。

文化是如何影响交际的呢？Samovar、Porter 与 McDaniel（2010）指出，文化对于交际的作用主要体现在三个方面：一是文化影响人们的感知；二是文化影响人们的语言行为；三是文化影响人们的非语言行为。Gudykunst 与 Kim（2003）则认为文化对于交际的影响体现在以下两个方面：一是文化指导人们的交际行为；二是文化指导人们如何解释别人的交际行为。总之，这两种观点的共同之处是都强调文化是从两个方面影响交际的：感知方面和行为方面。

四、案例分析

中国中小学生的作息时间表和泰国学生的作息习惯差别很大。在泰国，早上第一节课从 8：30 开始，很多学生在 8 点后陆陆续续到学校准备上课。他们一天的课时安排也很少，只有六节课，中午没有午休时间，只有一小时的午餐时间，且大部分学校下午就结束课程，晚上无须上课，亦没有晚自习。在 6 小时的在校时间内，还包括课间休息、下午茶等时间。而大部分中国学生课程时间安排得很紧张，一般在 7：10 左右就有早自习，开启一天的学习；晚上 9：00 左右，甚至更晚才下晚自习，结束一天的课程。

案例中，由于中泰的作息时间不同，我感到惊讶与不适应，泰国当地老师也因为我的午睡行为感到紧张，以为我身体不适。泰国一直以来都没有午休，所以他们中午不休息下午照样可以精神饱满。因此当他们突然看到一位外国老师睡午觉，才会感到很惊讶。双方在跨文化交际中都受到了同质文化圈理解限制。这一差异在他们自己的生活中不易察觉，若非与其他国家的人交往，他们是不会深刻认识到这一差异的。

在跨文化交际中，首先，我们要尊重当地文化，这也是对待任何一种文化最基本的态度。跨文化交际者时刻生活在异文化环境中，因此我们还要进一步主动了解对方文化。了解了中国与泰国的不同作息时间还不够，更重要的是我们要及时调整自己的工作方式和心理状态，从而更好地融入当地社会。身处国外，只有以合适的时间观念、时间行为处理事情，学会移情，才能减少矛盾冲突，使交际活动顺利进行。同时，要注意分析母语文化与异文化的异同，多关注两者间的不同，提高文化敏感度，求同存异。通过多理解、多接触来打破原有的思维定式，推动交际活动顺利进行。

五、思考与实训

1. 假如你是一名汉语教师，因为没有午休，导致下午状态很差，但又要上课，你会怎么调整自己的状态？

2. 根据所学知识，并查找相关资料，谈谈为什么泰国的作息时间和中国作息时间差异那么大。

六、延伸阅读

1. 王林林. 中泰课堂文化差异与赴泰汉语教师应对策略研究——以泰国普通职业学校为例［D］. 兰州：兰州大学，2018.

2. 樊然，朱春敬. 中泰跨文化交际中的时间观念［J］. 文学教育（上），2017（4）.

3. 黎玲. 从跨文化交际看中泰民族时间观念的异同［J］. 法制与经济（中旬），2012（3）.

4. 郑昊雪. 中泰课堂文化差异下泰国中学生汉语课堂研究［D］. 西安：西安石油大学，2021.

南美洲

秘　鲁

● 案例一

不习惯的贴面礼

关键词：问候方式
案例作者：伊凤杰

一、案例场景

王老师、张老师和李老师于 2018 年赴秘鲁伊基托斯市塞萨尔·瓦列霍中学参与汉语教师志愿者项目，成为该教学点的第一批汉语教师志愿者。当地学校对汉语课程十分重视，当地民众对中文学习也充满期待，为汉语教学顺利开展提供了便利。这是双方第一次正式的跨文化交际，但是当地民众对中国及中华文化知之甚少，因此在日常生活和教学中，免不了发生一些由于文化背景及生活方式不同而造成的跨文化交际出现障碍。

二、案例描述

2018 年 3 月，张老师作为第一批汉语教师志愿者与两名同事顺利抵达秘鲁伊基托斯市。一下车张老师就看到校长和多名同事站在校门口迎接他们。校长和两名中国男同事握手拍肩问好，轮到张老师，校长张开双手热情地拥抱了她，并左右脸颊依次相贴。这是当地的问候方式——贴面礼，表现了校长对客人的热情友好，也表示出对几位老师的热烈欢迎。张老师虽有些不习惯，但还是微笑着依次和几位老师贴面问好。当地同事热情的拥抱和话语让张老师感受到了异地的温暖，消除了背井离乡的忧虑。

当地负责老师带他们参观学校，沿途碰到的同事都对他们表示欢迎，各个年龄段的男女同事都亲切地进行贴面礼。但作为刚走出校门的年轻女性，张老师很不习惯和异性有亲密接触，于是她产生了一种逃避心理。在校园里看到男同事，她会为了避免接触而选择走另一条路。有一次和中国同事交流的时候，她提出了困扰自己已久的问题，同事鼓励她正视这个问题，并试着寻找解决方式。于是第二天，碰到男同事，张老师微笑着问好后，伸出右手准备握手，男老师愣了一下后，握住了张老师的手，并回以亲切的问候。随着时间流逝，张老师和同事的关系越来越紧密，逐渐形成了一套双方都能接受并比较舒适的问好方式。在重要的场合，张老师会主动进行贴面礼表达自己的友好，日常生活中，则更倾向于和同事朋友握手问好。

三、理论聚焦

低接触文化与高接触文化

身体接触是一种重要的非语言交际方式，具有很强的感情色彩，不同文化之间的差异也很大。中国属于典型的低接触文化，陌生人见面只是握手，没有其他身体部位的接触，而且受"男女授受不亲"的传统思想影响，异性之间的身体接触有较多禁忌。

四、案例分析

在问候方式上，以秘鲁为代表的南美洲国家与中国有着十分显著的差别。南美洲国家的民众跟人打招呼的方式一般是贴脸颊，代表礼貌和友好。拥抱和亲吻是亲情、爱情、友情的表达方式。即使是第一次见面，双方也要拥抱一下，并左右贴面发出亲吻的声音，好朋友之间会拥抱得更加紧。而中国人表达感情的方式较为含蓄内敛，不习惯与他人有过分亲密的肢体接触，更不要说第一次见面的人。当地同事受同质文化圈限制影响，以自己的方式向外国朋友表示欢迎，而张老师受自身文化的影响，不习惯当地的问好方式。这在跨文化交际过程中都是正常的情况，双方是第一次接触，都在努力向对方表示友好并促使这次跨文化交际的顺利进行。

张老师作为汉语教师志愿者，进入了一个不熟悉的文化环境，难免会产生文化休克现象，从一开始同事的热烈欢迎使她进入温暖的蜜月期，随后进入避免和异性同事问好的挫折阶段，再到通过和同事交流来主动改变的调整阶段，最终适应了当地文化，形成了一套合适得体的问好方式。张老师的变化完整地体现了文化休克的四阶段,她也最终成功克服困难并适应了当地生活。这提醒我们由于跨文化交际现象日益普遍,我们更应树立跨文化交际意识,了解文化休克并学习如何克服它。

五、思考与实训

1. 根据本案例,谈一谈初次接触别国人前应做哪些准备?
2. 在跨文化交际过程中,如何应对文化休克?
3. 思考:跨文化交际与汉语国际教育有什么关系?
4. 你认为汉语教师应该具备的跨文化交际能力包括哪些?

六、延伸阅读

1. 祖晓梅. 跨文化交际 [M]. 北京:外语教学与研究出版社,2015.
2. 陈国明. 跨文化交际学 [M]. 上海:华东师范大学出版社,2009.
3. Berry, J. W. Immigration, Acculturation and Adaptation [J]. Applied Psychology:An International Review,1997(46).
4. Ward, C. & Bochner, S. & Furham, A. The Psychology of Culture Shock [M]. New York:Routledge,2001.

● 案例二

忙里偷闲

关键词：时间观念；工作方式
案例作者：伊凤杰

一、案例场景

塞萨尔·瓦列霍中学重视汉语教学，也希望能为汉语教师提供帮助，因此汉语教师与英语教师共同成立了外语组合作教学。应英语组组长要求，每周六上午需要开会，大家共同商讨决定下一周教学计划以及准备教学材料。

二、案例描述

王老师等三人在秘鲁塞萨尔·瓦列霍中学担任汉语教师，他们和当地英语老师合作教学。按照英语组组长的要求，每周六上午要一起开会讨论并制定下一周的教学计划。这天，到了约定时间九点，三位汉语教师早已在会议室等着，而英语教师们却迟迟未到。到了九点半，一位当地老师才带着早餐走进会议室；九点四十五分，又一名老师到了，但她没吃早饭，于是放下包又出去吃早餐。到了十点，两名老师有说有笑地进来了。时间已经不早了，在王老师的催促下，他们开始讨论工作，半个小时之后，三名汉语教师完成了任务。他们周五之前就已经查好资料，打好草稿，于是任务完成得很顺利。近十一点，在其他老师的电话催促下，另一名老师姗姗来迟。工作还没完成，一名老师提议休息一下，老师们又开始玩起了手机，放起了音乐，只为放松片刻。这个时候，汉语教师只能坐在那里等其他老师完成任务。不知不觉到了十二点，但任务还没有最终完成。老师们商量吃完午饭后再继续工作，于是汉语教师又继续陪着他们，一直到了下午三点多，英语教师觉得今天有些劳累了，所以决定结束今天的会议，各自回家后再完成任务。从早上九点到下午三点，历时六个小时，今天的讨论会终于结束，一个休息日就这么过去了。几乎每一个周六都要从早上九点开会直到下午一两点，三位汉语教师也渐渐习惯了这种情况。

三、理论聚焦

时间取向

时间取向影响了人们的行为和交际方式。中国人更偏向过去时间取向，常常为自己国家的悠久历史而感到骄傲，倾向于用历史的经验来判断现实行为的合理性，尊重前辈及其经验，追求稳定性。而具有现在时间取向的文化多表现出享受当下、及时行乐的行为方式。

四、案例分析

王老师等三人受中国传统时间观念影响，珍惜并注重利用时间。尤其是正式会议要准时甚至提前到达，工作任务要按时认真完成，这是中国人表示礼貌和尊重他人的表现。南美洲国家社会文化强调享受当下，及时行乐，无论是在日常生活还是工作中，个人情绪和需求很重要，不会因为紧张的工作计划而过多影响自己的心情，注重劳逸结合。所以在周六的工作会议中，当地老师会优先处理个人事务，导致经常姗姗来迟，而一边娱乐一边工作是他们较为舒适的工作方式。王老师等三人以结果为导向，合理安排时间，注重工作效率，所以对当地老师的工作态度和工作效率颇有微词。这是不同时间观念的人在跨文化交际中经常遇到的问题，容易造成负面印象。建议中国老师在遵守自己的时间观念，按时完成任务的基础上，自由分配自己的时间，不必耗时间陪伴当地老师，当地老师也会理解中国老师的做法。

五、思考与实训

1. 如果你是案例中的中国老师，你会怎么做呢？

2. 思考讨论：假设学校要求你负责组织筹备中华文化节，并安排了几位当地同事协助你，周六要一起开会准备材料，但到了约定时间当地同事都未到，你会怎么做？

六、延伸阅读

1. 胡文仲. 跨文化交际学概论[M]. 北京：外语教学与研究出版社，2012.

2. 祖晓梅. 跨文化交际[M]. 北京：外语教学与研究出版社，2015.

● **案例三**

礼尚往来

关键词：交往方式
案例作者：伊凤杰

一、案例场景

应学校安排，英语组老师时常协助三位汉语教师，尤其是不懂西班牙语的张老师。英语老师会在课堂上协助教学，课下帮忙准备材料等，为张老师提供了很多帮助。

二、案例描述

张老师的朋友菲菲是一位秘鲁英语老师，平时一起工作学习，为张老师提供了很多帮助。为感谢菲菲，张老师经常把自己带的中国小礼品送给菲菲，并且在周末或者节假日和菲菲及其他朋友出去吃饭时主动付钱。第一次是张老师提出要请菲菲吃饭，主动结账后，菲菲对其表示感谢。第二次几位同事决定出去吃饭放松一下，张老师觉得第一次和几位同事一起吃饭自己应该主动一点，于是把钱付了，几位朋友对其表示感谢并说下次再一起玩。第三次一起吃饭时，张老师依旧表示要结账，其他朋友也接受了。等到下一次，张老师想我请他们好几次了，这次他们会请我吃饭吗？结账的时候，却是另一位中国同事主动付了钱。这次，张老师有些不满，觉得菲菲和其他朋友过于"实在"，怎么每次都让自己付钱呢？他们怎么不请我们吃饭呢？

于是张老师就问其他学校的朋友，平时吃饭谁付钱呢？朋友说如果自己要请客就主动付钱，如果不要就AA，大家出去聚餐有时平摊费用，有时各自支付，不用不好意思，这是正常现象，当地人不会觉得你抠门。相反你抢着付钱，他们也会欣然接受，认为是你表示友好和重视的方式。张老师听罢，明白了秘鲁人付钱的习惯和中国人不同，于是下一次吃饭时，他等着大家决定付钱方式。这时一位老师主动提出大家把钱凑一凑，于是他们各自支付了自己餐费，张老师看大家都习以为常，有说有笑，便欣然入乡随俗。

三、理论聚焦

人情关系

中国人情关系的核心是互惠或回报。"礼尚往来""来而不往非礼也""滴水之恩，当涌泉相报"都是中国人情关系的准则。而有些文化中会把这种互惠的人情关系看作一种负担，当他们接受邀请或者收到礼物以后通常会表示感谢，但不会认为自己有回报的义务。

四、案例分析

受传统文化影响，在大部分中国人的观念中，你帮助了我，对我有恩惠，我就欠了你的人情，一定要找机会回报。受恩惠而不回报，既不符合礼的要求，也会被认为是不懂得感恩的表现。因此张老师认为自己主动请客吃饭后，对方下次要有一定的表示，双方有来有往，才是巩固人情的方式。而当地人坦然接受朋友的好意，非常感谢朋友的主动和大方，但内心认为这只是朋友表示友好的方式而已。因此当中国人以礼尚往来的原则处理与西方人的人情关系时，一方面会对对方非常热情和真诚，另一方面也期待对方以同样的方式对待自己，否则就会感到失望，觉得外国人不懂人情。此外，中国亲友聚会时常常抢着买单，以体现对对方的重视和热情。而有些国家的人则认为AA制是公开合理的付钱方式，建议中国老师不必觉得尴尬，入乡随俗即可。

五、思考与实训

1. 中国人与西方人在看待友谊方面的异同主要是什么？
2. 中国人情关系的核心是什么？
3. 王老师的外国朋友经常问他：你可以请我吃饭吗？王老师付了几次钱之后，有些不情愿了，他该如何回答呢？

六、延伸阅读

1. 胡文仲. 跨文化交际学概论 [M]. 北京：外语教学与研究出版社，2012.
2. 祖晓梅. 跨文化交际 [M]. 北京：外语教学与研究出版社，2015.
3. 钟敬文. 中国礼仪全书 [M]. 合肥：安徽科学技术出版社，1997.
4. 贾玉新. 跨文化交际学 [M]. 上海：上海外语教育出版社，1997.

案例四

学生成绩不好谁的错？

关键词：师生关系；教师角色
案例作者：伊凤杰

一、案例场景

当地学校实行的是四学期制，并且每个学期结束后，会通知家长领取成绩单、开家长会、与各科老师当面交流等。各科老师会在会议室携带相关资料等待，如果学生成绩不理想，家长可以向相关老师咨询。

二、案例描述

一个学期正式结束了，学生放假之后，老师要负责统计并提交成绩，王老师按照当地学校要求，将学期最终成绩划分为三部分：平时成绩、期中考试成绩、期末考试成绩。成绩为 20 分制，17~20 分为 A+、14~16 分为 A、11~13 分为 B、10 分以下为 C。多数同学都得到了 A 及以上的成绩，但还是有同学表现不佳，只得了 C。王老师仔细查看了这些同学的平时表现记录和考试成绩，再三核实，最终提交。

三天之后便迎来了全校家长会，这天晚上七点，班主任会把每位学生的学期成绩交给其家长，并主持会议安排相关事宜，而其他任课老师需要在学校走廊等待。学生家长看到孩子成绩后如果有任何疑问或不满，可以找老师咨询并要求给出一个合理解释。王老师听从同事的建议，将成绩登记表随身携带以应对家长的问题。王老师第一次经历家长会，不免有些紧张，也很忐忑，怕不知如何回答家长的疑问。到了七点半，果然有两个学生家长来找王老师了。王可妈妈很亲切，首先热情地问候了王老师，然后说孩子是第一年学习汉语，她也非常支持，并且希望孩子能学好这门语言，但是这次成绩不太理想，想问问王老师孩子哪方面表现得比较差。王老师对王可印象比较深，他回复道："王可上课很认真，可能是初次接触中文，学得比较吃力，但是只要继续保持对学习的热情，会慢慢有所进步的。"和王可妈妈道别后，又迎来了杜文的爸爸。杜文平时表现的确不佳，上课注意力不集中，平时作业经常完不成，所以最终成绩为 C。杜文爸爸有些严肃，想让王老师就成绩做出一定的解释。于是王老师便拿出登记表，给杜文爸爸看了孩子平时作业和考试得分情况，的确不理想，还指出孩子平时上课注意力不集中、经常和其他同学说话等问题。杜文爸爸也接受王老师的说法，他表示杜文比较调皮，在其他课上也经常捣乱，老师可以更严格地管教他，希望他下学期成绩能有所提升。听了家长的话，王老师紧张的心慢慢舒缓，他也感谢家长给予的支持和理解。有了这次的经验，面对家长的提问，王老师更加从容淡定了，也更愿意和家长交流了。

三、理论聚焦

师生关系

中西师生关系的不同特点可以从教师与学生家长的关系中反映出来。在西方教育中，人们普遍认为教育失败的主要责任在于教师而不在学生。如果孩子的成绩不好，家长有时甚至会质问教师。而在中国文化中，教师不仅受到学生的尊敬，也往往受到家长的尊重。如果孩子犯了错，家长可能会站在教师这边批评自己的孩子。而教师不仅会批评学生，有时还可能责怪家长失职。

四、案例分析

在中国，孩子成绩不好，家长通常会认为自家孩子学习不努力，然后向老师寻求帮助。而在拉丁美洲国家，教师是服务方，家长有权利监督老师的教学并对其教学成果保持怀疑态度，尤其是私立学校，当孩子没有取得满意的成绩时，家长会询问老师，并希望老师给予一定的解释并提供帮助。所以，赴相关国家任教时，要根据当地的评价体系，做好平时记录，做到成绩落实有依有据。但不要对与家长之间的交谈太过紧张，大部分家长都是通情达理的，对于学生本身的问题也表示理解，并会协助老师解决问题，或支持老师对学生严加管教。但每个国家教育模式或评价体系不同，建议汉语教师向当地老师咨询，尽快适应当地的评价体系。

五、思考与实训

1. 在西方教育中，教师作为促进者，其角色有哪些特点？
2. 试想一位同学平时表现不尽如人意，考试成绩也不好，但他和你说："老师，你能把我的分打高一点吗？"你该如何回答？

六、延伸阅读

1. Oxford, R. L. & Anderson, N. J. A Cross-Cultural View of Learning Styles [J]. Language Teaching, 1995 (2).

2. 刘改琳, 于曦. 学生学习风格的中西文化差异对比分析 [J]. 西安工程科技学院学报, 2005, 19 (4).

3. 刘德华. 中西教育案例新观察 [M]. 海口: 南方出版社, 2011.

巴　西

● 案例一

美的标准

关键词：巴西文化；审美特点；价值观
案例作者：徐秀杰

一、案例场景

林老师曾在巴西某大学孔子学院担任汉语教师，她的学生基本都是大学生。因为林老师性格外向，喜欢交朋友又待人真诚，很多学生都很喜欢她。该案例发生在林老师的课堂上。

二、案例描述

林老师开朗又细心，在去巴西之前就做足了攻略。她深知巴西人性格热情，也一直很期待在巴西的生活，暗下决心一定要跟当地学生像朋友一样相处。然而，刚开学她就"得罪"了学生。林老师班上有一位又高又瘦的女生，因其身材较符合林老师的审美标准，林老师便在课下毫不吝啬地当面夸奖这位女生，并表达了对该女生的羡慕。听完林老师的夸赞，这位女生并没有很高兴，反而有些不好意思，想要解释什么。林老师也只是单纯地认为是女生被夸奖之后害羞的反应，并没有放在心上。后来该女生在课堂上的表现不是很积极，林老师一直找不到原因，想要跟她交流一下，但这位女生一直逃避林老师的目光。某次课上，林老师让她回答了问题，在女生回答完毕之后，林老师当着全班同学的面夸奖了女生很漂亮。让林老师没想到的是，她的话引起了全班同学的哄堂大笑，大家都看着这位女生笑个不停。林老师在讲台上尴尬不已，不知道自己哪里做错了，但是很快她又维护好课堂秩序继续讲课。

课后她咨询了自己的同事，了解到巴西人对审美的看法与我们中国人是不一样的。他们的大众审美标准是健康强壮的身体。在巴西，女孩儿更喜欢听到"你的腿好结实"，而不是"你好瘦"。除此之外，巴西人更喜欢古铜色的皮肤，认为这是热爱户外活动的表现。了解这些文化差异之后，林老师私下主动联系了这位女生，为自己在课堂上冒犯了女生而道歉。消除误会之后林老师在课堂上再一次就这件事情进行了解释并表达了自己的歉意，希望同学们不要曲解自己的意思，也不要因此取笑他人。此后，林老师在日常表达上更加谨慎，与同学们的关系也越来越好。

三、理论聚焦

价值观

价值观是人基于一定的思维而做出的认知、理解、判断或抉择，也就是人认定事物、判定是非的一种思维或取向，从而体现出人、事、物一定的价值或作用；在阶级社会中，不同的阶级有不同的价值观念。价值观既是文化的核心要素之一，又是跨文化交际的核心，"价值观是关于什么是真善美的共享观念，是文化模式的基础并指导人们应对自然和社会环境"（Nanda & Warms, 1988）。霍尔曾把文化比作"冰山"，价值观则位于"冰山"的底层，全面支配着人们的信念、态度和行动，是人们行为的指南。

价值观具有稳定性和持久性、历史性、选择性以及主观性的特点。价值观对动机有导向的作用，同时反映人们的认知和需求状况。

四、案例分析

了解不同文化的价值观会帮助我们更好地了解不同文化背景下人们交际行为背后的文化原因。林老师事先没有了解过巴西人的审美标准，而是直接用中国人的思维方式和表达方式夸赞了学生"漂亮"，虽然并非有意为之，但这也在一定程度上伤害了学生的自尊。林老师在课下仔细询问了自己的同事，了解清楚原因后能够主动向学生道歉，这是值得我们学习的。我认为，在遇到类似事情的时候我们也应该向林老师学习。第一，挖掘任教国家和我们国家的文化差异，并熟记于心，而且要学会适当地表达，在与学生的相处过程中不能急于求成。第二，尊重任教国的文化，要明白这些文化差异皆由不同的文化背景产生，不能因为在交际过程中出现问题就放任不管，要牢记自己国际汉语教师的身份，努力克服因为文化差异所带来的冲突，在教学过程中不断适应这些差异并了解异国文化中细微而重要的特点，学会用当地人的眼光看待当地事。第三，通过这些真实的经历引导学生学习中国和母语国之间的文化差异，让学生对中国文化有更深刻的了解。

五、思考与实训

1. 请思考,如何在教学中解决不同文化的价值观冲突。
2. 如果这些问题发生在你身上,你有没有更好的解决办法?

六、延伸阅读

1. 李加军. 中国文化价值观的跨文化共享研究 [J]. 文化与传播,2020,9(4).
2. 张恒军. 当代中国价值观的跨文化阐释与传播:理论路径与实践维度 [J]. 对外传播,2021(6).

北美洲

美　国

● 案例一

为什么不直接问我？

关键词：交际风格；礼貌原则；跨文化交际
案例作者：耿月

一、案例场景

我在线上进行汉语教学，学生通常来自世界各地，处于不同年龄阶段，有着不同的职业。我会针对他们的汉语水平和学习目标，为每个人定制不一样的私人课程，这也要求我的汉语课堂内容必须丰富多彩。

Noelle 是一位美国 9 年级在读高中生，父母来自菲律宾，她同时学习西班牙语和汉语，汉语水平处于汉语水平考试（HSK）4 级左右，词汇量丰富，但是语句表达不流畅，所以我们课上经常进行话题讨论。

二、案例描述

作为线上汉语教师，我和学生的上课时间一般都是提前约好的，学生会根据我提供的可预定时间，选择自己有空的时间上课。

我和 Noelle 的时差是 12 个小时，中国的早上对应他们的晚上。我们的课一般是在我的早上，也就是他那边的晚上开始。有一次，我想把我们的上课时间推迟两小时，于是，我给他发消息询问他的下班时间、晚饭时间以及下班之后其他的安排。总之，在我提出推迟课程请求之前，我问了他很多问题，学生觉得很奇怪。

"老师,你今天很奇怪,为什么问我这么多关于我下班后的问题,你想知道什么?你可以直接说,我都已经糊涂了。"学生被我问得晕头转向,不知道我为何这么反常。

这时,我才解释道:"其实我想问你能不能推迟两个小时上课,今天我有点儿其他事情。"

"没问题,老师!对了,老师你为什么不直接说?你问这么多问题我都糊涂了。"

我赶紧说道:"在中国我们提出问题或请求之前,一般不会直接说明,而是在提出问题前做一定铺垫,让对方有心理准备,并且根据对方的情况,判断是否适合提出自己的问题或请求,这样会更加有礼貌。"

这时学生也说道:"我从小被教育,说话直接说到点上,否则会被认为是在浪费别人时间,中国人的这种思维方式和我们完全不一样啊!"

"那我下次就直接问你吧!"

"没问题。"

最后我们成功地更改了上课时间,但这次对话却凸显了两个截然不同的语言交际原则。

三、理论聚焦

交际风格

人们在连贯地表达思想时,其词汇不仅反映文化背景,表达方式、说理方式以及思维模式也表现了文化的某些特点,这里归纳为交际风格。如果把美国人的思维模式比作"桥式",讲话人组织思想是为了明白直接地把自己的意思传达给对方,犹如一座桥,听话人只要从桥这头走到桥那头就把意思弄清楚了;那么中国人的思维模式就是"垫脚石式",讲话人不会把自己的意思直接地表示出来,而是采取迂回、隐含的方法,犹如在水中投下一块又一块的垫脚石,使听话人借助"垫脚石"悟出讲话人的意思。

礼貌原则

不同文化对于礼貌原则中各项准则的重视不尽相同,汉语文化社团比英语文化社团更重视谦虚准则,但后者更重视得体准则。比如说汉语里的"请求"言语行为,它是一种指令性的言语交际行为,说话人发出请求的意图是让听话人按照自己的意愿做某事。由于对方是"受损"的一方,请求语在本质上是

"无理"的，因此需要使用礼貌策略来补偿对方的"损失"；所以讲话才会采取迂回方式，考虑对方感受。

四、案例分析

在本案例中，我从中国人的思维模式和交际习惯出发，并没有第一时间提出修改时间的请求，而是迂回婉转地询问学生的其他安排，是一种典型的"垫脚石式"的思维模式，也反映了中国人交流时隐藏意图的重要性，是一种礼貌原则的体现，为了顾及学生的感受，我没有直接说出推迟时间请求。但是这种行为在美国等西方国家并不会被认为是一种礼貌的体现，反而会被认为是在浪费双方的时间。

美国人喜欢开门见山、直来直往，而把绕弯子讲话看作思路不清或缺乏诚意。而从中国人的角度来看，直截了当可能被认为是对对方的感情缺乏考虑，只有在团体内部，上级对下级才能直来直去，讲话类似下命令。

我和美国学生受到不同社会环境的影响，交际风格截然不同，交际文化也存在较大的区别，因此在不清楚差异的情况下给对方带来了一定程度的不适和障碍。为避免交际冲突，第一，要自发地重视不同文化的差异，提高文化敏感度，求同存异。第二，要通过多理解、多接触，打破原有的思维定式，推动交际的顺利进行。第三，要自觉尊重不同文化，贯彻礼貌原则和合作原则，以减少不必要的冲突。

五、思考与实训

1. 结合本案例，谈一谈中国人的思维模式和美国人有哪些区别。
2. 结合理论分析，中西交际风格的差异主要体现在哪些方面？
3. 在跨文化交际中，不同国家交际风格的不同之处会对交际效果产生什么样的影响？

六、延伸阅读

1. 贾玉新. 跨文化交际学［M］. 上海：上海外语教育出版社，1997.
2. 杨平. 跨文化交际中的非语言行为［J］. 外语教学，1995（4）.
3. 拉里·A. 萨默瓦，理查德·E. 波特，埃德温·R. 麦克丹尼尔. 跨文化传播第六版［M］. 闵惠泉，贺文发，徐培喜等，译. 北京：中国人民大学出版社，2013.

墨西哥

● 案例一

亡灵节

关键词：亡灵节；生死观；文化冲突
案例作者：周亚荣

一、案例场景

我是西班牙巴塞罗那自治大学的研究生，在读研期间认识了我的好朋友 Estela。应好友之邀，我有幸切身去墨西哥体验了一把当地最隆重、最独特的传统节日——亡灵节。好友的家乡墨西哥城（简称墨城）是墨西哥的首都，游客络绎不绝，这里是墨西哥最繁华的城市，所以每年举办的亡灵节活动也最热闹、最盛大。闻名前来参加墨城亡灵节游行的游客众多，每年的这个时候墨城的街道上总是摩肩接踵、热闹非凡。墨城亡灵节期间访问量最大的两个墓地群叫 Panteón San Andres Mixquic 和 Panteón de Dolores，每年共接待超过百万的游客。Estela 家的墓地就位于 Pandeón San Andres Mixquic，那里曾经是一个修道院，不过现今已经成为当地人和外来游客的必游之地。10 月 31 日，墓葬沿线已经设置了许多令人印象深刻的祭坛，然而直到 11 月 1 日这个地方才真正热闹起来。当天晚上，墓地被蜡烛和鲜艳的花朵装饰得漂漂亮亮，成千上万的人带着自己的蜡烛在被称为 La Alumbrada（照明）的坟墓周围手持蜡烛散步。寓意着生者为死者指引道路，引导亡灵归家，和亲人团聚，共度良宵。

二、案例描述

时值最重要的节日亡灵节，这是墨西哥举国上下欢庆的日子，街上男男女女、老老少少全都为亡灵节做足了准备，节日气氛十分浓郁。置身其中，令人感触颇深。大街小巷都是盛装打扮化着骷髅妆的孩子们，由于前一天是万圣节，所以孩子们会欢快地追着你讨要糖果，玩 "trick or treat" 游戏。街上到处都是化骷髅妆的小摊，比较出名的化妆摊前早已排起了"长龙"。我和朋友虽然排了很久的队,但是都化到了满意的妆容。虽然亡灵节是纪念逝者的节日,但是整座城市的气氛却十分欢快。Chapultepec 公园正门已经摆好了彩色骷髅架子,架子上挂满了五颜六色、花纹奇特的骷髅头,朋友说每年亡灵节这里都会有一个骷髅之门。她说骷髅之门的创作灵感来自墨西哥阿兹特克神话里的女神 Coatlicue,女神的头颅由两颗蟒蛇头拼接而成,裙子是一条一条扭曲着的蛇,而项链则是由骷髅、人手和人心串成的。进入公园,到处都装饰着万寿菊,还布置了亡灵画展,参观者络绎不绝。

每年这个时候,墨西哥家家户户也都会准备色彩斑斓的装饰品,比如鲜花、彩色骷髅、亡灵剪纸等。朋友家的院子里也到处装饰着五颜六色的剪纸,他们的剪纸我觉得比较新奇。我们中国也有剪纸,但是我们一般是将剪纸贴在门窗上而不是像墨西哥这样用绳子将剪纸悬挂起来装饰,并且我们的剪纸基本上是喜庆的大红色,墨西哥的剪纸却是五颜六色的,这样的装饰别有风情。

这一天墨西哥家庭的祭坛上都会摆满祭品,这些祭品的选择也是有讲究的。一般情况下,亡灵面包、鲜花、蜡烛、水果、水、盐和糖都是必备的。亡灵面包是节日的象征,而鲜花是祭坛的象征,据说鲜花的香味可以为归家的亡灵指路。墨西哥人也喜欢在这一天将花瓣撒在亡灵回家的路上,朋友的奶奶就在自家的院子里和门口的小道上洒满了万寿菊花瓣,她说只有这样逝去的亲人才能找到回家的路。蜡烛代表光明、信仰和希望,闪烁的火焰也可以让亡灵立马看到他们的故居,作为一种指引,蜡烛也是必须摆上的。水是生命之源,墨西哥人在祭坛上摆上水为的是逝去的亲人在长途旅行后回到家可以立马解渴,而盐可以起到避邪的作用,确保亡灵在归家的路上免遭恶灵的侵扰。家人还会根据逝者生前的爱好摆上他们喜爱的物品。如果逝去的亲人是成年人,家人会为他们准备葡萄酒和雪茄。如果家中有逝去的儿童,家人会单独准备一个儿童祭坛,摆上糖果、玉米饼、小玩具等儿童喜欢的东西。值得注意的是,儿童祭坛上的食物不能添加辣椒,不然会伤害小亡灵。鲜花和烛台也必须都是白色的,象征纯洁。此外,儿童祭坛上摆放的所有祭品必须是缩小版的,不能和成人祭坛的祭品一样大,不然,回归的小亡灵看到会不高兴,也不会吃掉祭品。

亡灵节这天我受朋友之邀,在朋友家吃午饭。中午的时候朋友的家人为我准备了丰盛的午餐,当朋友奶奶端来一碟像是粽子的食物的时候,我不禁暗想:难道墨西哥也有粽子?拆开外皮吃了一口后发现口感跟中国的粽子很不一样,中国的粽子是糯米做的,软软糯糯并且有粽叶的清香,但这种食物像是面粉制成的,里面裹着肉馅儿。我好奇地问这是什么,朋友跟我说这是他们墨西哥的传统美食,叫 tamal,是玉米面制成的,里面还包裹着各种馅料,十分美味。

下午朋友问我要不要和他们一起去墓地，我问是去扫墓吗？朋友说是的，但是他们还要将逝去亲人的遗骨从墓地里取出来清洗干净然后再次安葬，我表示非常震惊，并且感到毛骨悚然，因为这在中国是大逆不道的行为。我问他们为什么要这样做，朋友对我说，因为明天逝去亲人的亡灵就要回家了，在回家的那一天他们就是要干干净净的，这是玛雅时代留下来的传统，也是生人对死者的一种思念与尊敬。我听后表示理解，但对这种行为还是有点不能接受，同时也感叹文化的多元，不同的国家、不同的民族，对逝者表达尊敬与思念的方式竟如此不同。

虽然没有参加朋友清洗亲人骸骨的活动，但是当天晚上和她一起在墓地感受了一下墨西哥亡灵节的守灵活动，这也是一次令我终生难忘的经历。这里早早就被人们用万寿菊花装饰得漂漂亮亮，随着夜幕降临，蜡烛也逐渐点燃，墓地灯火通明，守夜时，当地人突然齐声唱起了歌，我的朋友也随声附和，墓地里顿时欢声笑语不断，大家载歌载舞，好不热闹。与中国庄严肃静的清明节相比，墨西哥的亡灵节气氛更加欢快，与其说亡灵节是祭祀死者的节日，不如说是庆祝死者回归的节日。文化因多元而精彩，我不禁由衷感叹不同文化习俗的魅力。

三、理论聚焦

文化习得论

文化是跨文化交际中一个最重要的因素，文化决定了我们的思维方式，决定着我们交际中的一言一行，但文化不是人们先天具有的，而是在后天的成长过程中习得的。Samovar、Porter 与 McDaniel 认为后天习得是文化最重要的特点。在大部分情况下文化习得都是一种自发的无意识的学习过程，比如孩子小时候对父母以及自己身边其他人的行为动作的一种观察和模仿，这种模仿学习强化了他们的文化认知并逐渐形成了一种集体意识。

四、案例分析

亡灵节是墨西哥的传统节日，西班牙语叫作 El Día de los Muertos，直译就是"死人节"，是祭奠死者的节日。亡灵节分为两天，11月1日和11月2日，第一天是"幼灵节"，为了祭奠逝世的儿童；第二天是"成灵节"，顾名思义，为了祭奠逝世的成年人。亡灵节的高潮一般是在成灵节这一天，届时会有游街活动，人们会以骷髅脸的妆容盛装出席。中国也有类似的祭奠先人的传统节日，叫清明节。与墨西哥充满欢乐气氛的亡灵节不同，清明节的氛围更多的是庄严肃穆。唐代诗人杜牧的诗句"清明时节雨纷纷，路上行人欲断魂"是对清明节气氛的最好写照。我们在这一天扫墓祭祀，缅怀先人，弘扬中华优良传统精神——孝道精神。

亡灵节和清明节都是祭奠先人，增强家族凝聚力和认同感的节日。但是由于不同民族的文化差异，人们的庆祝方式很不一样，看待生死的观念也极为不同。在墨西哥人的观念中，生物学上的死亡并不能代表一个人生命的终结。死亡不是生命的终点，而是起点，他们坚信逝者会通过花瓣桥走向另一个美好的世界，在那个世界继续快乐地生活，尔后每年在亡灵节这一天，又会通过花瓣桥在家人所撒万寿菊和烛光的指引下回到自己生前的家和亲人们团聚。逝去的亲人回来和自己团聚是一件令人高兴的事情，因此亡灵节对墨西哥人来说是一个值得庆祝和狂欢的节日。他们会组织热闹的游街活动，用鲜花将墓地装饰得漂漂亮亮，当晚也会带着祭品在墓地守夜等待亡灵回来。一些大城市甚至会雇佣乐队守夜时在墓地表演，大家欢声笑语、载歌载舞。而类似这种在祭祀时举办的庆祝活动，在中国是令人无法想象的，将先人的尸骨挖出来清洗在我们看来更是令人咋舌。我们的文化观念里祭祀先人是一件严肃而庄重的事情，祭祀的时候应当怀着崇高的敬意，在坟头欢声笑语、载歌载舞对先人来说是大不敬的。

中国传统文化是比较忌讳谈论死亡的。古往今来，我们对于"死亡"往往采取回避的态度，认为"死亡"是不吉利的，不应当过多地谈及、讨论。我们对逝者生前使用的物品也格外忌讳，这些物品通常会在人去世以后被烧毁或者被丢掉。对于死亡的忌讳，究其根源是我们的文化主张"身体崇拜"。在传统文化中我们极度强调身体的完整性，因而有"身体发肤，受之父母，不敢毁伤，孝之始也"之说。我们的自我意识被看作身体的"衍生物"，讨论本体的死亡这是大逆不道的。这种观念意识代代传承下来，成为中华传统文化不可分割的一部分。因此跟墨西哥相比，我们对待与死亡相关的节日活动时会表现得更加庄重严肃，这既是对先人的敬畏，也是对死亡的敬畏。

我之所以对墨西哥人庆祝亡灵节的方式感到震惊，实质上是两种文化的碰撞所导致的。我在中华传统文化熏陶下成长，从小被教育对先人保持一种敬畏的心态，对死亡相关的话题也不能够过多谈及，因为"不吉利"。而墨西哥的亡灵节使我了解到原来在大洋彼岸的另一个国度，祭祀先人有着如此特别的仪式，不同的民族对待死亡也有着如此迥异的看法。我们不仅要熟知和传承自己民族优秀的传统文化，在和不同民族的人们交往时也要提前了解他们的文化与习俗，以减少跨文化交际过程中出现的文化休克现象。各民族文化没有优劣之分，文化因多元而精彩，正如费孝通先生所说：各美其美，美人之美，美美与共,天下大同。在今后的交往中,我们也要多一分理解、多一分包容,尊重不同文化,和谐你我他。

五、思考与实训

1. 除了墨西哥的亡灵节,你还了解其他国家祭祀先人的节日吗?这些节日与中国的清明节有什么不同?谈一谈你对这些节日的看法。

2. 文中的"我"在听说朋友要将逝世亲人的遗骨挖出来清洗时为什么会感到震惊?

3. 谈一谈我们在与不同文化背景的人们相处的过程中应该注意些什么,遇到文化冲突时我们应该怎样应对。

六、延伸阅读

1. Rothenstein, Sayer, C. The Day of the Dead: A Visual Compendium [M]. London: Laurence King Publishing, 2021.

2. 牟文正. 中国传统节日故事 [M]. 北京:金盾出版社,2015.

3. 王催春,朱冬碧,吕政. 跨文化交际 [M]. 北京:北京理工大学出版社,2008.

4. 毕继万. 跨文化非语言交际 [M]. 北京:外语教学与研究出版社,1999.

古 巴

● 案例一

哈瓦那的手势暗语

关键词：古巴文化；非语言交际；手势
案例作者：徐秀杰

一、案例背景

王老师在墨西哥做交换生时曾经到古巴旅游，该案例发生于其在古巴首都哈瓦那旅行期间。

二、案例描述

王老师跟朋友在古巴旅行时，一路上的所见所闻让他们感到特别新奇。在首都哈瓦那打车时，几个人在路边招呼了好久都没有一辆车停下来，但当地人很快就能打到车，这一度让他们认为是自己"外国人"的身份才导致被拒载。正当他们感到苦恼时，有当地人热心询问他们是否需要帮助，并解决了他们的疑惑。原来在哈瓦那打车"很有一套"，乘客在路边打车时可以用不同的手势传递不同的信息。比如，晃动自己的手是"直走"；伸出食指并在身前绕一个圈是指"环岛"；拇指指向右代表"去海滩"；一只手抵着另外一只手的掌心代表"桥"；食指向下则表示乘客们要在不同的地方下车等，司机看到手势，如果顺路就会停车载人。王老师一行人随即采用相应的手势跟司机表达自己的需求，但依然有几辆车不仅没有停车，而且在路过时还闪了几下车灯，这个行为让王老师和朋友特别生气，他们认为这种行为"有点不礼貌"，但好在最后终于有车停了下来并把他们载向目的地。在车上，王老师依然很不解。司机听完她的讲述后一阵大笑，这更让王老师疑惑不已。司机随即解释道，那些司机是看到了王老师他们有打车需求，但是自己车上已经满客，便只好用闪车灯的方式来回应路人，告知他们打下一辆车。司机还补充道，在路上司机可以顺载同路的乘客，这样车费就更便宜了。弄清楚这些打车的"暗语"后，王老师一行人才明白，是他们误会之前的几位司机了。

三、理论聚焦

非语言交际

非语言交际指除语言之外的所有交际活动，包括眼神、服饰、讲话人之间的距离等。体态语（Body Language）又称身体语言，是非语言交际的重要组成部分，包括服饰、面部表情、手势、眼神交流、身体接触等。在某些情况下，当肢体动作与所说的话不一致时，即非语言手段与语言表达的意思不一样，就要借助其他信息或从整体推测说话人的意思，在某种意义上，一切非语言手段都要放在一定的情景下去理解，如果忽视了情景就可能会产生误解。

四、案例分析

首先，跟拉丁美洲国家的人（简称"拉美人"）交流，我们不仅要了解、习惯他们说话时所使用的身体语言，而且要注意这些身体语言所表达的意思。一些手势在拉美国家的日常生活中很常见，但在我国并不存在，而另一些手势两国都有，但表达的含义却大相径庭。

在墨西哥和南美洲地区的大部分国家，拳头和手肘，有吝啬或不想付钱结账之意。如果用胳膊肘重重撞击桌面，则表达效果更强烈。在拉美国家，把手指聚在一起又分开，连续重复动作，这个手势常用来表示"很害怕"的意思。当摆出类似"OK"的手势，但大拇指放在食指关节处，并把这个手势放在嘴巴前面，有时伴随亲吻声时，拉美人并不是在表达爱意，而是表达"我是很认真的！""我发誓！"的意思。当他们十指微微弯曲，双手像托着什么，这是在对某个人表示他很勇敢。在巴西，我们平常所做的表示"OK"的手势有着截然不同的含义，甚至带有冒犯无礼的意味，并且可能会招致一大群愤怒的巴西人的围攻，所以无论如何，要避免做这种手势。20世纪50年代，尼克松在当选为美国总统之前，曾到拉美诸国访问，他希望能通过此次访问缓和美国和拉美国家的紧张关系，当他走出机舱时，向当地等候的人群做出一个美国式的"OK"手势以示友好，没想到，下面的人们对他嘘声一片。显然尼克松并不知道拉美国家与美国的身体语言有着天壤之别。此外，在巴西，人们普遍用"竖起大拇指"的手势来表示"一切都好"或者"美丽"的意思。当你出去打车时，问司机他现在能不能走，如果他竖起大拇指，那就意味着没问题，可以上车。如果有人引导你倒车，当你看到那人在做这个手势时，表明你已经到了指定的位置，可以进行下一步操作。当巴西人"触摸自己的耳朵"，意思就是很好吃。当手指并拢手掌向下在下巴下方移动时，通常表示自己受够了。

在跨文化交际中我们常常会因为不够敏感而忽视非语言交际这一重要方面，学会区分和使用这些身体语言能够让我们更高效地跟拉美国家的人沟通。作为一名汉语教师，要学习任教国家的非语言交际手段，提升与学生的沟通效率，从而进行成功的跨文化交际。同时，汉语教师要时刻注意自己的言行举止，一方面自己代表了祖国的形象，另一方面，我们要避免因为自己的无意之举碰触当地的文化禁忌，造成不必要的麻烦。

五、思考与实训

1. 谈一谈汉语教师在课堂上应该注意的非语言交际的问题。
2. 列举说明中国和拉丁美洲国家在体态语方面还有哪些跨文化的差异。

六、延伸阅读

1. 耿仁岭. 体态语概说［M］. 北京：北京语言学院出版社，1988.
2. 毕继万. 跨文化非语言交际［M］. 北京：外语教学与研究出版社，1999.

欧 洲

意大利

● 案例一

被夸奖的项链

关键词：跨文化交际；夸奖；项链
案例作者：朱玲

一、案例场景

我在意大利某孔子学院任教，该孔子学院设有一个接待处，通常由该大学中文专业的学生轮流值班，负责接受咨询、协调沟通、安排教室以及整理图书等行政工作。由于这是一个锻炼口语及行政能力的好机会，因此吸引了众多学生报名。

二、案例描述

Lucia 是汉语水平较高的学生，曾在中国留学半年，所以她经常会来孔子学院帮我们做一些工作。一次，她戴了一条很好看的项链。我便称赞道："这条项链真好看，很适合你。"她以为我喜欢这条项链，当即就要摘下来送给我，我连忙谢绝了她的好意，但是她似乎还是觉得我有其他的意思。我不禁思考，像她这样汉语水平较高、有过在中国生活经历的学习者，即使学到了中国人际交往对话中存在的"言外之意"，也还是会将其错误地、过度地运用在交际中。

三、理论聚焦

语境文化

美国人类学家霍尔用高语境和低语境的不同来分析文化的多样性。中国是典型的"高语境文化"国家,汉语中有"只可意会,不可言传"的说法,中国人说话的方式比较含蓄委婉,突出"点到为止",出于尊重对方或照顾对方的情绪,一般不会把话说得特别直接,往往需要听话人自己领悟。

四、案例分析

这一案例中的外国学生具备较高的汉语水平和在华留学经历,自然对中国人的说话方式和交际文化有所了解,所以当中国教师夸奖她的项链时,她有意按照中国人的思维去解读这句话的"言外之意",但实际上对方并无此意。不过,文化是动态的,不是一成不变的。如今新一代的中国青年,他们身上更多地表现出自我意识,以直接明白的表达代替以往中国人说话时的含蓄表达。所以汉语教师在海外教学时,应注意以下几点:第一,一定要及时更新外国学生头脑中的"刻板"印象。第二,要向学生展现出当代中国青年的精神面貌和中国文化源源不断的创新活力。第三,要积极参加文化活动,主动输出语用文化知识。

五、思考与实训

1. 结合案例,讨论笔者该如何谢绝学生的"好意"。

2. 如遇到以下情况,你会怎样处理?外国朋友邀请你去他家做客,你无意赴约,但为表示礼貌你回答道:"好的,有机会我一定来。"时隔不久再遇见这位朋友,他说:"你为什么一直没有来?"

六、延伸阅读

1. 关世杰. 跨文化交流学:提高涉外交流能力的学问 [M]. 北京:北京大学出版社,1995.

2. 马勒茨克. 跨文化交流——不同文化的人与人之间的交往 [M]. 潘亚玲译. 北京:北京大学出版社,2001.

3. 陈玲. 文化障碍——英语教学中的跨文化交际 [J]. 安徽农业大学学

报（社会科学版），2005（1）．

4．高剑华．对外汉语教学中的跨文化意识［J］．教育科学，2007（1）．

5．郝丽丽，杨晓峰．试论中西思维模式的差异及其语言效应［J］．沈阳建筑大学学报（社会科学版），2007（1）．

案例二

学生难以理解的"自谦"

关键词：跨文化交际；自谦
案例作者：朱玲

一、案例场景

2021年春季的"汉语桥"比赛，我所在的意大利某孔子学院推选了一位名叫Dennis的学生参加大学生组的比赛。

二、案例描述

Dennis是代表我们孔子学院参加第二十届"汉语桥"比赛的参赛选手，戏曲演唱是其当时要展示的中华传统才艺。为了达到理想的比赛效果，孔子学院的老师特意在当地找了一名中国戏曲老师来教她。见面时，孔子学院老师对教戏曲的老师说："我这个学生学得不是很好，还需要您多费点心。"谈话结束后，Dennis找到孔子学院老师，用不满的语气问道："您为什么要对那位老师说我的水平不好？我觉得我很好。"孔子学院老师听了之后，先是道歉，然后急忙解释："这样说是为了让教戏曲的老师更细心地教你，让你尽快得到老师的真传。"事后，Dennis表示还是不理解老师的这种做法。

三、理论聚焦

交际风格

交际风格是指说话的特点，受人们的性格、思维方式和价值观等多种因素的影响。在跨文化交际的过程中，由于交际双方的文化背景不同，特定语境下要遵循的文化规则也有差异，所以双方的交际风格也会有所不同。由于交际风格的不同而引起文化间的误解与冲突，在跨文化交际中十分常见，因此汉语教师有必要提前了解当地人的交际风格，避免产生心理焦虑和"文化休克"。

四、案例分析

中国人的人际交往模式比较固定，通过一个人对另一个人真实情感的流露可以保证良好的人际关系。该案例中，孔院教师表示学生水平欠佳，其实是一种谦虚表达，期望学生能够获得戏曲老师更多的关注，以及希望戏曲老师在教学中倾注更多的心血，总之是为学生着想。但是学生的关注点却在于自身水平高这个事实与老师向别人传达的话语并不相符。这是因为意大利人的思维模式强调对事实的准确把握，他们更加侧重于言语中所包含的信息是否真实准确，能否准确反映实际情况，他们不明白这种以"贬己尊人"来获得更多关注的方法有时比直接表达请求更加诚恳，所以学生无法理解老师的这种做法。

格赖斯在对"会话含义"的研究中提出了"合作原则"，这一原则的重要内涵是"求真"。而中国的文化则更多地侧重于"求情"。二者之间的差异是本案例中出现文化误解的原因所在。"合作原则"强调真实，这是西方礼貌理论的基础和礼貌行为必须遵循的根本原则。而在中国的文化中，人与人之间的交往更加强调"情"，即我们常说的"真情"，一个人对另一个人的关怀、帮助和尊重之情。在跨文化交际中，为避免此类交际冲突，我们可以：第一，主动地理解异文化，学习异国的语言、语用知识。第二，要了解异国风俗，提高自己的文化理解力。第三，要积极参与交际，拓宽自己的文化视野，并尽量使用当地人的思维方式、交际风格。

五、思考与实训

1. 结合案例描述与案例分析，讨论孔院老师该如何让学生理解自己的好意。

2. 结合案例，讨论该如何处理以下问题：一位美国学生多次向帮助过他的中国同学表达感谢，中国同学皆以回避的态度处理，该美国学生十分苦恼，以为自己逼迫了他人帮忙，该如何向美国学生解释？

3. 结合自身经验，谈谈"求真"与"求情"发生冲突时，哪一个更重要。

六、延伸阅读

1. 辜正坤. 中西文化比较导论 [M]. 北京：北京大学出版社，2007.

2. 洪堡特. 论人类语言结构的差异及其对人类精神发展的影响 [M]. Peter Heath, 译，姚小平，导读. 北京：商务印书馆，1997.

3. 胡文仲. 跨文化交际能力在外语教学中如何定位 [J]. 外语界，2013 (6).

4. 王晓宇，潘亚玲. 我国跨文化外语教学研究发展现状及启示——基于文献计量学分析（2000—2018）[J]. 外语界，2019（4）.

5. 陆晓娇，杨学功. 超越"中化"与"西化"之争——中西价值观比较研究的前提和方法论反思［J］. 湖北大学学报（哲学社会科学版），2021，48（4）.

● 案例三

我是最优秀的学生

关键词：跨文化交际；演讲比赛；自信
案例作者：朱玲

一、案例场景

2021年春，"汉语桥"比赛开始时，Edoardo、Chiara、Francesca 是代表我所任教的孔院参赛的三名学生。为了帮助他们在比赛中发挥出最佳水平，孔院在赛前对他们进行了专项辅导。

二、案例描述

3月份，孔院举办了主题为"我与汉语/中国"的演讲比赛，我是 Edoardo、Chiara、Francesca 三名参赛选手的辅导老师。与他们三人分别交谈之后，我了解到他们的汉语水平依次是高级、中级和初级。后来，在我们修改演讲稿和排练的过程中，他们三个都表现得很自信，即使 Francesca 的发音不是很标准，稿子内容也并不完美，但她也觉得自己算比较优秀，至于 Chiara 和 Edoardo 更是直言自己的汉语水平是班里最优秀的。通过这几个月对意大利学生的汉语教学实践，我发现这里的学生十分自信，和中国的学生不太一样。

三、理论聚焦

谦虚文化

"谦虚"是中国文化的重要内涵，事实上无论在我国文化还是西方文化中，谦虚都是一种美德。只不过基于英国语言学家利奇的礼貌原则，西方的"modesty"侧重于对自我的约束，要求人们不要自夸自大，但同时也不能贬低自己。这是因为西方文化强调反映真实的情况，即尊重事实，这就需要把握好其中的分寸。在西方，如果一个人总是贬低自己，自然会让别人觉得他是一个不真诚的人。

四、案例分析

本案例中的学生，都认为自己很优秀，迫切地希望展示自己，而在中国文化中，人们更喜欢通过"谦虚"来显示对他人的尊重，这种尊重甚至在一定程度上是由"贬低"自己来体现的，向对方表明自己"技不如人"，以此满足对方的自尊心，进而体现出对对方的尊敬。这其中不乏中庸思想，体现出中国人忌讳"树大招风"以及"凡事不喜欢出头"的思想。用一种文化的"谦虚"概念衡量另一种文化的"自我"行为就会因为无视文化差异而产生文化误解，甚至文化冲突，比如本案例中，中国教师最初对学生表现出来的自信感到不适。

作为汉语教师，第一，要培养自己对文化多元性的意识以及对文化差异性的包容。第二，要正视两国文化的差异，入乡随俗地对待学生的自我认知观。第三，在予以肯定的同时，要进一步阐明两种文化的异同，这样才能和不同文化背景的学生保持良好的师生关系。

五、思考与实训

1. 结合案例，谈一谈中西方关于谦虚的文化差异。

2. 以下情况你该如何应对？学生说："老师，为什么您从来都不夸奖我，是我做得不够好吗？"

3. 结合案例描述与案例分析，设计一堂介绍中国谦虚文化的课。

六、延伸阅读

1. 周宁. 跨文化研究：以中国形象为方法［M］. 北京：商务印书馆，2011.

2. 拉里·A. 萨默瓦，理查德·E·波特，埃德温·R·麦克丹尼尔. 跨文化传播第六版［M］. 闵惠泉，贺文发，徐培喜等，译. 北京：中国人民大学出版社，2013.

3. 孙有中. 外语教育与跨文化能力培养［J］. 中国外语，2016（71）.

4. Hallet. Understanding cultural differences, Germans, French and Americans［M］. Yarmouth：Intercultural Press，1990.

5. Hofstede G. Culture's consequences：comparing values, behaviors, institutions, and organizations across nations［M］. 2nd. Thousand Oaks, California：SAGE Publications，2001.

英 国

● 案例一

您有预约吗？

关键词：风俗习惯；文化休克
案例作者：彭佳利

一、案例场景

2019年8月，凡凡老师来到英国一所女子中学任教，起初她觉得一切都很新鲜，建筑、饮食和语言环境都与之前在国内大不一样，她虽然有一些不适应，但更多的是惊喜。几个月后，当新鲜感慢慢褪去，凡凡老师发现自己遇到了问题。

凡凡老师在该中学任教已经有一段时间，一直计划去办一张当地的银行卡。居住证明、护照等资料都准备好很久了，但工作日在学校上课，周末又要去周边社区开展汉语教学，没有什么时间。好不容易和同事商量着空出星期五早上去银行开户，事情却并未办成。

二、案例描述

星期五早上，凡凡老师早早地来到银行，一开始人还不多，凡凡老师很快排队到了柜台前，银行工作人员照例询问："您有预约吗？"凡凡老师说没有，想着也不是很大的问题，但工作人员说："没有预约，不能为您办理，请先回去预约了再来吧。"凡凡老师看看周围，现在银行顾客也不是很多，心想先办理也没关系，于是和工作人员商量着："我的文件都带齐了，您现在也不是很忙，可不可以帮我办理一下。"工作人员表示了拒绝，凡凡老师不死心继续解释道："可是我好不容易找到空当的时间来办理的，请帮我开户吧。"而工作人员还是不为所动，凡凡老师很生气，觉得他们太没有人情味了，但是没有办法，只好回去预约了再来。可是第二次来银行，凡凡老师还是没有办成银行卡，理由竟然是申报时填的地址和居住证明存在轻微的不一致，工作人员仍旧一步也不愿意退让,凡凡老师再次失望而归,又折腾了一回,返回学校仔仔细细地重开了证明,最终才把银行卡办下来。"去英国的银行办个业务也太麻烦了!"一来二去,凡凡老师觉得十分气恼,甚至对这个地方产生了些许厌恶。

三、理论聚焦

文化休克

文化休克概念的提出者奥博格将跨文化适应过程分为四个阶段,即蜜月阶段、挫折阶段、恢复阶段和适应阶段。其中,挫折期又称为"文化休克"阶段。指一个人在新的文化环境中待了一段时间以后,随着对这种文化的了解逐渐加深,会发现很多与自己原有的文化相差较大的规则,在一定程度上会影响与当地人的交流。

四、案例分析

凡凡老师遇到的其实是很多在英国生活的国人都会遇到的问题,首先是"预约制",英国人习惯在办事之前使用邮件等方式进行预约预定,在没有预约的情况下,很难办成自己想办的事情,这一现象在银行和医院这些地方尤为突出,没有提前预约的话,对方可以拒绝为你提供相应的服务。这与中国的情况形成了鲜明的对比。在中国,一般带好资料并排队,当下就可以办好,因为在中国,社会关系是家庭关系的扩大化,人们处于群体主义文化中,人与人之间的关系显得密切一些。哪怕是不太熟悉的人,有时也会能帮就帮一点,能办就尽可能给办理了。而英国在个体主义文化氛围下,个人的独立性比较强,人们相互之间的关系相对松弛一些,行事更注重制度化的流程操作,因此凡凡老师办卡才会一波三折。也正是英国人对制度化的坚持,有时候会给人留下近乎死板不变通的印象。凡凡老师的居住证明和申报地址有出入,哪怕只是一点点不一样,银行也可以驳回,就是英国人办事注重制度化的实证,但这些文化冲突是可以采取一些措施来避免的。第一,只要我们提前知晓英国人的办事风格,并按照他们的制度去行事,就可以避免许多时间和精力的浪费。第二,多方面了解异国文化的不同,尽量理解文化的差异。第三,有意识地进行文化体验或文化适应训练,这对我们应对"文化休克"现象大有裨益。

五、思考与实训

1. 请思考,哪一类型的人最容易出现"文化休克"现象?
2. 假设出现"文化休克"现象,你有什么好办法可以应对呢?

六、延伸阅读

1. Benedict, R. The Chrysanthemum and The Sword [M]. London: Mariner Books, 1989.

2. 汪德华. 中国与英美国家习俗文化比较 [M]. 杭州：浙江大学出版社，2011.

● 案例二

生病了为什么不请假?

关键词：文化价值观；文化差异
案例作者：彭佳利

一、案例场景

肖老师被派遣到英国伦敦的一所中学担任汉语教师，教学对象主要是十三四岁的初中生。因为他们之前都没有学习过中文，所以肖老师准备得特别细致，希望给学生的中文学习开个好头，却没想到一场小感冒引发了不少的问题。

二、案例描述

英国4月的天气时冷时热，肖老师前几天就发现自己有感冒的症状，这天早上似乎更严重了些，肖老师犹豫着要不要取消今天早上的课，但是想到自己到这里不久，要好好表现、认真地工作才好，最后还是决定不请假，坚持去学校上课。

早上的课程照常进行，但是因为生病，肖老师状态不是很好，学生似乎也比平时闹腾一些，讲完新课，随机点同学做例句练习时，肖老师实在忍不住咳嗽了两声，同学们投来的目光有些异样，肖老师无暇顾及，只是忙着抓紧完成课堂任务。

回到办公室，教学主任 Shawn 已经在等她了，Shawn 问她："肖老师你是不是生病了？"肖老师如实回答："小感冒而已，不是什么大事。"却没想到 Shawn 言语中透露着责备，说："既然生病了，为什么还来学校？为什么不请假？"在国内常听人赞颂老师"春蚕到死丝方尽，蜡炬成灰泪始干"，但初到陌生的国家，本来生病就不舒服，兢兢业业地坚持上课，没有人体谅，还要被批评，肖老师顿时觉得非常委屈。肖老师的问题出在哪里呢？类似的情况怎么处理才妥当呢？

三、理论聚焦

文化价值观

文化价值观是指某个社会成员所具有的不同于其他社会成员的集体思维方式。美国传播学领域知名学者拉里·萨莫瓦尔（Larry A. Samovar）和理查德·波特（Richard E. Porter）认为"文化价值观"指导着人们的看法和行为，为人们确定了有所为和有所不为，明确了什么值得保护，什么应该摒弃。

四、案例分析

本案例中，肖老师不被理解主要是因为英国和中国在文化价值观上存在很大差异。以英国为代表的西欧诸国是典型的个人主义国家，个人主义价值观把个人看作独立的存在，突出自己的与众不同，强调个人的权利、独立性、自我实现、首创性和隐私。所以英国人非常重视个人的权利，不论是自己的还是别人的。生病了要请假休息，这是每个个体应该拥有的合法权益，带病上课的方式非但不会得到赞许，反而会被认为是不尊重法律与个人权利的行为。其次，感冒具有一定的传染性，老师的社交范围包括全部的学生和同事，很容易把感冒传给其他人，所以带病上课的行为既影响课堂质量，又有可能对他人的切身利益造成损害，是对自己和他人都不负责任的一种表现。相比之下，中国是突出集体主义价值观，集体主义价值观把个人看成集体的成员。强调个人对集体的归属、融合与忠诚，以及集体对个人的支持和保护，所以舍己为大家是值得颂扬的美好品质。老师生病还坚持在岗位上为学子授课，常会被解读成负责任、无私奉献的表现。"春蚕到死丝方尽，蜡炬成灰泪始干"的诗句便是对老师的伟大颂歌，人们的这种赞颂行为也无形中鼓励教师群体像春蚕和蜡炬一样忘我工作。

当然，随着时代的发展，如今中国重视集体对个体的关怀，不再过度提倡"带病上课"，而是开始理解老师作为普通人的那一面。作为汉语教师，第一，求同存异地对待文化差异，对异于自己文化的现象采取开放包容的态度。第二，要尽早地理解和适应当地文化风俗，尽量避免"吃力不讨好"的事情发生。第三，教师应当有意识地提高自己的跨文化交际能力。

五、思考与实训

1. 通过肖老师的经历，你得到了关于跨文化交际的哪些启示？
2. 假设你在海外教学，同事的工作方式与你格格不入，你对他感到很不满意，你会怎么做？

六、延伸阅读

1. Samovar, L. A., Porter, R. E. &McDaniel, E. R. Communication Between Cultures [M]. 7th ed. Boston：Wadsworth, 2010.

2. 林大津. 跨文化交际研究：与英美人交往指南 [M]. 福州：福建人民出版社，1996.

● 案例三

"YYDS"是什么意思？

关键词：网络流行词；言语代码理论
案例作者：耿月

一、案例场景

我的部分学生生活在中国，中国的生活给他们创造了一个独特的语言环境，他们不但可以在课堂上学习语言，也可以在生活中的特定情景中练习并感受中国文化。

Ross 是在中国上海工作的英语老师，来自英国。因其纯正的英式发音深受学生喜欢。Ross 虽然来中国三年了，但在生活中很少有机会用到汉语，所以汉语水平还停留在初级。

二、案例描述

有一次 Ross 和我聊到他与朋友吃火锅的时候，发现一些"英文词"他自己居然听不懂，但是所有中国朋友都能听懂。对此 Ross 感到特别惊讶。

Ross 说："我的朋友让我吃土豆，他说这个土豆'YYDS'，我瞬间困惑了！他说的是英文字母，我却完全不明白是什么意思！"

我说："你的朋友说的是中国网络流行语，中国年轻人在网络上使用，而且大家都知道这个词隐含的意思。"

"什么是隐含的意思？"他一副丈二和尚摸不着头脑的样子，感觉更加困惑了。

"比如你说的'YYDS'，这个词其实来自中文中一句话的缩写，叫作'永远的神'，就是说某物总是最好的，相当于英文的'the best'，你的朋友说土豆'YYDS'，也就是说土豆最好吃，推荐你吃土豆。"我说。

这时 Ross 才明白过来，原来这个词不是来自英文，而是中文拼音声母的缩写。

我告诉他这样的网络流行词还有很多，生活在中国会经常遇到，所以最好对这些词汇有所了解，下次和中国朋友聊天才能更好地理解。

三、理论聚焦

言语代码

1992年，菲利普森提出了言语代码的概念，他认为，言语代码是历史上制定的，社会中建构的与交际行为相关的概念、意义、前提和规则。菲利普森指出人类的交际活动受到文化的影响，而通过言语代码这一概念，他将交际与文化联系起来，进一步点明二者之间的关系。言语代码理论认为，只要有独特的文化，就会有独特的言语代码，任何特定的言语社区都使用一种以上的言语代码。

流行语是时代的反映，网络语言在一定程度上也是当前"网络时代"的反映，与现代人的生存方式和思维状态密切相关。因而，随着互联网飞速发展，"网络流行语"必将扩大其影响范围。具有匿名性的网络虚拟世界无疑给以年轻人为主的网民群体提供了发挥的空间；同时，由于他们具有较高的文化素质，熟悉英语及计算机语言，"网络流行语"的产生具有了可能性和必然性。

四、案例分析

本案例中的外国学生不理解中国朋友说的"土豆'YYDS'"，是因为他从英文的角度出发进行解读，却没有意识到这是来自中文的缩写词。根据言语代码理论，每一种文化都拥有自己特定的言语代码，包含一系列体现文化差异的心理学体系、社会学体系及语言风格，言语的意义依靠听者和说者双方使用的言语代码对交际行为的创造和解释。

外国学生在中国生活，面对中国网络流行语感到困惑的现象，反映了语言教学中讲授中国网络流行语的必要性。中国网络流行语根植于其所属的社会文化，具有一定的独特性，很难与异文化中的词语一一对应，因此容易引起误会、阻碍交际的顺利进行。

随着新技术的进步和新媒介的出现，大量的网络用语如雨后春笋般铺天盖地进入人们的生活，因其有效而快捷的交际功能而成为当今语言的主要形式之一。从跨文化交际的范畴来看，翻译被视为两种不同语言乃至文化之间的转换方式，对网络词语的英译则成为跨文化交际的重要途径。

作为汉语老师，第一，在生活交流中要主动引用热点讲解流行语，帮助学生理解接受。第二，在日常教学中可以适当加入中国网络流行语的扩展教学，学生遇到特定的情景就不会再"一问三不知"了。第三，要有意识地引导学生使用网络流行语，培养学生关注并使用网络流行语的主动性。

五、思考与实训

1. 结合本案例描述，谈一谈网络流行语在汉语学习中的重要性。
2. 结合本案例，谈一谈文化词语和网络流行语的差异性和共通性。
3. 网络流行词和熟语有联系吗？谈谈你的看法。

六、延伸阅读

1. 高永晨. 试论跨文化交际中的禁忌语［J］. 苏州大学学报（哲学社会科学版），1994（1）.

2. 胡文仲. 超越文化的屏障：胡文仲比较文化论集［M］. 北京：外语教学与研究出版社，2004.

3. 旷战. 跨文化交际意图与语境要素的认知激活［J］. 江淮论坛，2014（3）.

4. 龙梅芬. 跨文化语用学视角下的语用失误探析［J］. 宏观经济管理，2017（S1）.

5. 邱天河. 英语交际过程中的语用功能［J］. 外语教学，1994（1）.

俄罗斯

● 案例一

嫁娶文化

关键词：彩礼文化；文化冲突；价值观；男女平等
案例作者：柴力

一、案例场景

我在天津大学国际教育学院预科系教留学生，教学对象主要为十八岁左右的高中毕业生。本班学生为 CCN（China Campus Network）项目的预科留学生，共 15 人。这些学生的汉语水平大多为零基础，平时除了学习综合汉语和专业课，还要根据他们未来选择的专业学习专业汉语。班里学生大多为俄罗斯人，也有一两名摩洛哥人。这些学生选择的大学专业与经济和贸易相关，因此需要学习一个学期的经贸汉语。这门课程的内容主要是中国与各国的经济贸易，在谈论到中国经济和中国文化时，我都会给学生进行普及并让学生踊跃发言，积极讨论。

二、案例描述

在上节经贸汉语课上，我和同学们针对结婚是否需要买房的问题展开了激烈的讨论。在这节课中，我们还遇到了新的分歧。那就是结婚时男方是否需要给女方彩礼。说到彩礼，很多学生都不知道这是什么。因此，我首先为同学们进行了解答。"在结婚前，男方为了表达对女方的珍爱和重视，会给女方家庭彩礼。不同地区的彩礼都是不一样的。有的地方彩礼是钱，有的地方是首饰。像上节课讲的婚房也属于一种彩礼。"听到我的解释，有的学生问："为什么结婚要给彩礼呢？"我回答："彩礼寓意为喜庆的礼物。结婚是一件重要而喜庆的事情，因此，在结婚的时候给彩礼也是中国自古以来的风俗。"

学生反问我："为什么是男的给女的彩礼？那女的需要给男的吗？"我回答："一般情况下，是不需要的。"学生对此不解："为什么不需要呢？"我说：

跨文化交际教学案例与分析

"因为在中国古代,女方结婚以后就会住进男方家,帮助男方管理他的整个家族。而女方在结婚后也就无法时常见到自己的父母了。为了安抚女方的家庭,男方就会在结婚时给予一笔彩礼。当然,给得越多就代表越重视。"

听完我的回答,有的学生就不高兴了:"结婚是两个人的事,为什么还要给父母钱?"还有的学生说:"男人给女人的父母钱,女人之后就要一直和男人生活,也不能见自己的父母,这难道不是卖女儿吗?"听到这里,我解释道:"这怎么能是卖女儿呢?给彩礼是为了安抚女方的家庭,也是为了显示男方经济实力雄厚。男方希望让女方的父母放心地把女儿交给自己,希望以此证明能够给女方未来更好的生活。而且随着时代的发展,现在生活水平提高了,很多父母不会把彩礼自己收起来,都会把它交给自己的女儿,所以根本没有卖女儿一说。"

来华预科 CCN 项目俄罗斯留学生

听到我的解答,学生们的表情略有缓和。这时,一个女生突然问我:"老师,为什么结婚只需要男人给女人彩礼,而女人不需要给男人彩礼呢?我觉得这一点儿也不公平。"听到这里,我也无法给出很好的解释,只能说:"这是过去中国的一个习俗。现在,虽然一些地方还沿袭给彩礼的旧习俗,但是也没有那么死板了。如果男方的经济不太好,女方也可自行决定是否继续接受彩礼。我们把这种不要彩礼,直接结婚的行为叫作'裸婚'。"听完我对"彩礼"的解释，几乎全班同学都异口同声地说这是一个非常不好的习俗，应该尽快取消。

三、理论聚焦

文化移情

文化移情是跨文化交际领域中的核心，主要指通过仔细聆听别人的声音，对别人所说的话感兴趣，从而理解别人的感受，对别人的需要保持敏感等。Ting-Toomey（1999）认为：通过移情，人们愿意在想象中把自己置于别人的世界并体验他们所体验的东西。文化移情主要表现为三个层面：第一个层面是在跨文化沟通中，能够体会或感受到对方的感受及其背后的文化根源；第二个层面是在体会对方感受的同时，察觉自身由文化差异引起的情绪感受的变化，如厌恶、同情、愤怒等；第三个层面是在体会和察觉对方和自己感受及文化根源的同时，能够分析情绪或感受的根源，并进行自我情绪管理，从而缓解基于文化冲突产生的矛盾。需要注意的是，文化移情并不意味着个体完全放弃自己的感受或文化习惯，而是应适当考虑对方的文化，言行举止要有换位思考意识。

四、案例分析

本案例主要围绕中国结婚给"彩礼"的文化习俗展开。教师和学生观点产生冲突的原因主要是不同文化背景的人在价值观选择上的不同。班里的学生大多是俄罗斯人，西方国家主要奉行个体主义文化，他们认为，不论是工作还是结婚，都是个人行为，强调个人主观意愿，与家庭无关；因此，对中国的彩礼文化产生了疑问和表示费解。而教师作为中国人，从小一直深受集体主义文化的熏陶。在集体主义者心目中，集体利益高于一切，在做任何事情前，都要先考虑集体。对于中国人来说，家庭是一个重要的集体。儒家曾说"修身、齐家、治国、平天下"，就是把个人修养和家庭和谐放在了首要位置。结婚准备彩礼就属于给予家庭的一种回报。

除了在个体主义和集体主义价值观上的不同，中西方在男女平等观念上也有着些许差异。在西方人看来，平等代表着社会和政治上的平等，包括金钱、学识、权利等。男人和女人不光享受的福利政策要平等，所付出的代价也应平等。而在中国人观念中，即使现在很多女性已经能够享有学识平等，但通过这些依旧存在的婚俗习惯也能够看出，当前中国一些人依旧把女性看成弱势群体，认为其需要男性的宽容和保护。而在婚姻中，男性则需要通过给彩礼来加持才能给予女性及其家庭安定感。也正是因为这样，彩礼文化才一直为人所诟病。

在跨文化交流时，每当我们碰到了不同的观点，很容易就会反驳别人的看法，并渴望别人认可自己的观点。在认识到观点不同时，我们首先应该思考：为什么会不一样？产生思想差异的原因是什么？我们也不要急于去反驳对方的观点，这很容易会引起对方的反感。我们需要做的是抱有同理心，学会站在对方文化的角度来看待问题，并设身处地地思考对方产生这种观点的原因，这是否与他人的文化和知识背景息息相关。在回答问题时，也应谨慎措辞解答。因为当你作为老师解答学生问题的时候，你代表的并不仅是你自己。

五、思考与实训

1. 本案例体现了跨文化交际学中的哪方面内容？

2. 阅读案例描述，你认为学生对彩礼文化的哪些方面产生了疑问？产生这些疑问的原因是什么？

3. 阅读案例描述，你认为作者的回答怎么样？如果你是作者，你会怎么为学生解答？

4. 结合案例分析，谈一谈你在教学中如果遇到男女平等方面的问题，你应该如何解决。

5. 本案例描述了不同国家学生对彩礼的不同看法，请问你是否赞同彩礼文化，为什么？

六、延伸阅读

1. 祖晓梅. 跨文化交际［M］. 北京：外语教学与研究出版社，2015.

2. 张晓慧. 跨文化视角下中印婚俗文化对比研究［J］. 农家参谋，2019（3）.

3. 于金刚. 中西价值观差异与跨文化交际能力培养［J］. 科技信息，2011（3）.

4. Yuan Zushe. The Cultural Discovery and Practical Implications of Chinese Values［J］. Social Sciences in China，2018，39（3）.

大洋洲

澳大利亚

● 案例一

你有 partner？

关键词：文化词语；跨文化交际
案例作者：耿月

一、案例场景

在澳大利亚旅居的时候，我经常感受到中澳文化的差异，就算是日常对话中一个简单的词，也可能蕴藏着深刻的跨文化含义。

二、案例描述

我到澳大利亚有一段时间了，对于西方人的婚恋观有所耳闻。相对于中国人的传统婚恋观，澳大利亚人的婚恋观自由开放得多。

一天，我和一个澳大利亚人闲聊时，她问我："周末打算做什么？"

"I will go shopping with my partners!"（我打算和朋友们去购物！）

这时她一脸坏笑的表情问我："你有 partner？"

我满脸疑惑："对啊，有什么问题吗？我和我的小伙伴们有空的时候经常一起吃饭、购物，有什么问题吗？"

这时她才说，"'partner'在澳大利亚指的是同居关系中的另一半"。我才反应过来，我说的"partner"和她以为的"partner"不是一个意思。

所以，在澳大利亚使用"partner"这个词要小心，一般都会被理解为"伴侣"的意思，如果要表达"朋友"的意思，还是说"friend"最好。

三、理论聚焦

文化词语

文化词语是指特定文化范畴的词语，它是民族文化在语言词汇中直接或间接的反映。文化词语通常具有丰富的文化内涵，从字面上很难直接理解或者准确理解其含义，因为其文化意义是附加的。语言和文化相互依附、促进和制约，文化的发展带动词义的发展，某些词语的新含义就是很好的说明。

四、案例分析

在中国的网络流行语中，"小伙伴"表示朋友的意思，她问我准备去哪里玩的时候，我想说和小伙伴们出去购物，然后就想到了英文中"partner"这个词是伙伴的意思，然而这个词在澳大利亚是指同居关系中的另一方。

在澳大利亚有一种婚姻关系被称为事实婚姻（De Facto），双方并不是法律所承认的注册婚姻关系，也就是说不是法律婚姻（Legal Marriage），两人也不是亲属关系，而是住在一起的关系，对方是自己的"partner"，也就是伴侣。这种关系是合法的，人们甚至可以用同居关系申请伴侣签证。

本案例中我说的"partner"一词引起了澳大利亚人的疑惑，反映了文化词语在不同国家的不同含义，也体现出语言教学中教授文化词语的必要性。文化词语根植于其所属的社会文化，具有一定的独特性，很难与异文化中的词语一一对应，因此容易引起误会，更有甚者，会阻碍交际的顺利进行。

语言和文化的关系给我们新的启示：语言和文化相互依存，密不可分，是一个整体。要对目的语进行全方位的了解，同时学习到该语言蕴含的文化。

陈光磊（1997）指出："语义文化是一种语言的语义系统所包含的文化内容和所体现的文化心理，譬如不同语言之间常用的对应词在意义上几乎都有某种程度的不等值性，这种不等值性，往往是文化差异的语言表现，即它们的社会文化含义不同，是语言课中文化教学的重点之一。"我们在进行教学的时候，第一，应该立足语言，兼顾文化。第二，要提高文化敏感度，重视文化差异。第三，不仅要了解表层文化，还要尽可能多地了解其深层文化。

五、思考与实训

1. 根据本案例，谈一谈在汉语中和"partner"相似的文化词语有哪些。

2. 结合本案例谈一谈学习文化词语的重要性。

3. 在跨文化交际中，语言对文化有什么重要的作用？

六、延伸阅读

1. 杜学增. 澳大利亚语言与文化［M］. 北京：外语教学与研究出版社，2000.

2. 吴为善，严慧仙. 跨文化交际概论［M］. 北京：商务印书馆，2009.

3. 严文华. 跨文化沟通心理学［M］. 上海：上海社会科学院出版社，2008.

4. 叶仁荪. 人文关怀：推动高等教育发展的力量之源——来自赴澳大利亚学习考察的体会［J］. 大学（学术版），2014（5）.

5. 赵贤洲. 文化差异与文化导入论略［J］. 语言教学与研究，1989（1）.

6. 拉里·A. 萨默瓦，理查德·E. 波特，埃德温·R. 麦克丹尼尔. 跨文化传播第六版［M］. 闵惠泉，贺文发，徐培喜等，译. 北京：中国人民大学出版社，2013.

● **案例二**

你们是不是都没有兄弟姐妹？

关键词：民族中心主义；刻板印象；偏见
案例作者：耿月

一、案例场景

在澳大利亚旅居的时候，我经常感受到中澳两国文化的差异。当地人知道我是中国人，总会拿出困扰他们多年的关于中国的问题来问我，并期待我给出答案。

二、案例描述

我在澳大利亚生活时，总是会面对当地人提出的很多关于中国的问题。时代在进步，科技在发展，然而中国在他们的印象中好像还是停留在过去。对于中国人民的真实生活水平，澳大利亚人民还是知之甚少，在我告诉澳大利亚同事我是独生子女后，他们吃惊地问我：

"中国人是不是都没有兄弟姐妹？"

"你们是不是没有生育自由权？"

面对这些问题，我确实有些摸不着头脑。还好我很快冷静下来，面带微笑地告诉他们："我出生的时代，中国正在实行计划生育政策，其对中国的人口控制和发展起到了不可忽视的积极作用，2016年中国就已经放开二胎政策了，如今中国已经全面放开三胎政策了。"

在我一番解释下，他们才停下接连不断的发问。他们对于中国的认识，是"无知""偏见"，还是"民族中心主义"？

三、理论聚焦

偏见

当消极的刻板印象长期保存在人们头脑当中，并成为评价的根据时，偏见就会形成。偏见是由我们对某一群体的错误或片面看法累积而成的僵化态度，是一种负面性的判断，它已经进入态度的范畴。在跨文化交际中，每个人经历有限，很容易从自身民族文化出发，对异文化中的群体进行想象，形成对此群体极大的偏见，产生消极情感。

四、案例分析

本案例中，由于澳大利亚人所接触的关于中国的信息有限，只是一些早年间的报道，加之该国传播媒介因为政治因素和其他原因夸大中国的计划生育政策的负面影响，导致澳大利亚人对其产生了偏见。这些澳大利亚人把自己经历的群体（生育自由）和想象的群体（没有生育自由）相比，以为如今的中国女性"没有生育自由权"，却没有以发展的目光看待中国的进步与发展。

在跨文化交际中，为了避免产生片面认知，形成带有偏见的看法，第一，要培养跨文化意识，应该在进行跨文化交际之前充分认识自身的文化。第二，应及时更新并丰富信息来源，多角度去认识和了解一个群体及其背后的文化。第三，应全方位确认信息的真实性和时效性，以避免在跨文化交际中产生不必要的误会。

五、思考与实训

1. 结合案例分析，说一说外国人对中国还存在什么刻板印象和偏见。
2. 谈一谈你在面对外国人的刻板印象和偏见时会怎么做。

六、延伸阅读

1. 程翠英. 论跨文化交际深层障碍［J］. 华中师范大学学报（人文社会科学版），2003（1）.

2. 李秋洪. 跨文化心理学研究中的文化偏见［J］. 心理科学，1992（6）.

3. 单敏. 交际者在跨文化语境中的文化移情［J］. 江西社会科学，2013（3）.

4. 孙雷. 语境文化差异造成交际障碍的分析与策略研究［J］. 内蒙古农业大学学报（社会科学版），2017（2）.

下篇

课堂教学案例

亚　洲

泰　国

● 案例一

课堂"跑"起来了

关键词：教学管理；课堂纪律；课堂应变策略
作者：黄栩

一、案例场景

我任教的学校里，老师和学生上课的氛围比较轻松，因此学生在课堂上都是无拘无束的。他们在课堂上活泼好动，有时不那么遵守纪律，有时还会"好心帮倒忙"。

二、案例描述

初到时我就了解到这里的课堂氛围轻松活泼，学生上课纪律较为松散，比如在课堂上坐姿随意，年纪比较小的学生可能会上着课突然"蹦蹦跳跳"。这是因为泰国教育深受西方教育理念和传统佛教教育理念的影响，更倾向"生存教育"，提倡"学会生存""解放学生的天性""让学生快乐学习"，而不是要求学生满足社会的期望。第一周我在给学生上课时常常以他们的兴趣爱好为主，教授一些学生能快速接受的、较为简单的语言知识。第二周，学生学习了认读动物，在上复习课时，前排的一个学生突然从包里拿出一只兔子，周围同学的注意力都被吸引了过去，没有人再看屏幕上的复习内容。紧接着小兔子在教室里乱跑，好几个学生也在教室里追着兔子跑，课堂被迫中断，逐渐"失控"……

  幸好我在之前的汉语教师培训中学习过突发状况的应对策略，于是我及时组织其他同学坐下，并且帮助那位学生将兔子重新抱起来放回了包里。课堂纪律稳定下来之后，我借此机会让学生复习了"兔子"的中文发音"tuzi"，让学生们以接龙的形式读出屏幕上的动物名称。此时学生的注意力又重新转移到了复习内容上。课后，我找了带兔子到课堂上的学生，聊天之后了解到他是想带兔子到课堂上帮助老师上课，但是没有想到造成了课堂混乱。我对他的热心表示了感谢，也提醒他以后如果再有这样的想法需要提前和老师沟通，这样老师上课时才好安排活动，也才能最终达到预期的课堂效果。

在课堂上作为"教具"的小兔子

三、理论聚焦

课堂组织管理

  课堂教学的成功，关键在于处理好以学生为中心和以教师为主导的辩证关系。我们既反对教师主宰一切、学生被动接受灌输的教学模式，也不主张反其道而行之，由学生决定一切、教师盲目跟随学生的极端做法。教师很好地起到组织管理的主导作用，才能更有利于发挥学生的主动性和积极性，使课堂既生动活泼又井然有序。

四、案例分析

  泰国位于热带地区，民风淳朴，人们生活节奏缓慢、学习风气比较自由，在了解泰国国情后我对学生的教学也多以其自身学习的特点和感兴趣的事物入手。除此之外，因为泰国课堂纪律和国内大相径庭，所以在教学前做好充分的应对工作也是非常有必要的。作为一名汉语教师，有丰富的汉语知识储备且掌握汉语教学技能是最基本的要求；但是由于常常面对不同国家的不同性格的学生，除了掌握跨文化交际的基础知识，在教学管理方面对突发情况时灵活应变也是需要重点培养的技能之一。本案例中，学生将兔子带到了课堂上，导致课堂纪律混乱，如果没有及时妥善处理当下的情况或是事后没有正确引导学生，那么后续课堂教学很有可能无法正常进行。为了更好地应对这类状况，提升今后汉语教学的效果，我总结了一些经验和建议与大家学习交流。

第一，实施教学前，应充分了解任教国家的基本国情、风土人情等情况。

作为中国人，我们国家的教育模式和教学氛围是较为严肃、紧张的。我们的课堂上，学生不能随意讲话与走动，但案例中的泰国学生因为兔子竟在课堂上跑了起来。如果在给泰国学生上课前，不去主动了解他们国家的情况，那我们很有可能会觉得泰国学生上课非常"不听话"，甚至会觉得他们表现出来的随意是"不尊重"教师。但其实这只是不同国家在教学氛围上的差异。所谓"知己知彼，百战不殆"，先做好功课是非常重要的。

第二，提高自身课堂管理能力，尤其是突发情况的应变能力。

应变能力是指教师在课堂上灵活处理或巧妙化解一系列偶发事件，并且保证课堂教学正常进行的能力。大多数汉语教师能从事教学工作，说明自身的知识和教学能力是过关的。但是在真实的教学实践中，我们有时无法准确预判到底会发生什么意料之外的事情。如果课堂上有学生"不按常理出牌"，作为汉语教师是不是就束手无策了？其实不是，汉语教师应该有意识地主动学习处理课堂突发情况的手段和方法。我们可以向有经验的老师请教，或是几个老师之间互相模拟课堂上会出现的情况。甚至我们自己也可以平时在空闲时间思考一下：如果自己是学生，在面对外教时我会提出什么问题或是做出什么可能让老师难以应对的行为。

第三，对于学生的表现，教师应采取多包容的态度。

教学过程中，学生是学习的主体，教师是教学的组织者和引导者。作为汉语教师，我们应该对学生有一颗包容的心。首先，学生对老师有着天然的信任感，在学生犯错或是"好心办坏事"的时候，我们应该主动向学生询问原因。其次，我们汉语教师常常面对的是外国学生，更应该考虑到学生的文化背景、心理因素、动机和目的。最后，案例中的学生是一片好心，所以包容他不小心犯下的"错误"，才能保持他学习汉语的热情。

总之，作为汉语教师，不断提高自身能力是基本，各方面能力的培养也至关重要，只有能力提高了、心态摆正了，才有可能引导学生学好汉语。

五、思考与实训

1. 阅读案例描述部分，试想一下为什么学生会到处追着小兔子跑？如果在中国，学生是否会这样做呢？

2. 阅读案例分析部分，你认为该教师提出的建议怎么样？如果是你遇到这样的情况，你会怎么处理？

3. 阅读全文，结合中国课堂上的特点，谈一谈你如何看待泰国课堂的氛围？你认为是泰国较为松散的课堂氛围更好，还是中国较为严肃的课堂氛围更好？理由是什么？

六、延伸阅读

1. 柳海，刘衍国. 浅谈课堂教学应变的方法与技巧［J］. 延边教育学院学报. 2012（5）.

2. 刘珣. 对外汉语教育学引论［M］. 北京：北京语言文化大学出版社，2000.

3. 王俊. 对外汉语教学中的课堂教学管理探究——评《对外汉语教学概论》［J］. 中国教育学刊. 2022（2）.

案例二

在课堂上化妆的学生

关键词：青少年心理；师生关系；课堂纪律
案例作者：黄栩

一、案例场景

爱美之心人皆有之，处于青春期阶段的学生对于自己的外表更是格外在意。我所教的高中学生，正处在爱打扮的年纪。平时他们参加各种活动时都会盛装出席，但是我希望在课堂上，他们能好好听课，不过分注重外貌。

二、案例叙述

泰国一年中有很多节日庆典，包括一些季节性活动和佛教仪式。泰国人对这些节日非常重视，不论男女老少都盛装出席。十一月的某一天，我正在讲台上讲课，突然看到两位女生拿起镜子开始旁若无人地化妆，完全不顾课堂正在进行，桌上也摆满了各式各样的化妆品。我认为在课堂上最重要的就是学习知识，因此当时我的第一反应是阻止这两名女生的行为并要求她们好好听课，而学生表示课后有节日活动只能现在化妆。一番对话后，我和学生之间略显尴尬，我只好让她们继续做自己的事情。课后我找到了学校管理处的老师，向她了解到学生下课后确实有学校安排参加的活动。学生上课化妆事出有因，学校举办活动也是多年的传统。为了避免以后再次发生同样的事情，我主动找学校校长说明了情况并提出了我的诉求，希望学校能给我一份这个学期内学校节日活动的安排表，这样我就可以提前知道哪些节日和我的上课时间有冲突，以便及时调整我的教学安排。之后我在课堂上告诉学生如果以后学校有不可缺席的活动安排，可以向我请假，但是在上课期间，尽量不做与课堂无关的事情，学生听了以后也纷纷答应。

参加比赛的学生与管理处的老师

三、理论聚焦

文化共情

文化共情具有三个层面：第一是在跨文化沟通中，能够体会或感受到谈话对方的感受以及这种感受背后的文化根源；第二是体会对方感受的同时，察觉自身由文化差异引起的情绪感受的变化；第三是在体会和察觉对方和自己感受及文化根源的同时，能够分析情绪或感受的根源，并能够进行自我情绪管理，从而创造性地解决基于文化冲突的矛盾。

四、案例反思

在给学生上课时，我通常不会制止学生时不时出现的小动作，因为我知道他们天性如此，有时候也会觉得他们的样子天真可爱。可是如果出现严重影响课堂秩序的行为时，就必须及时制止。在本案例中，我之所以制止了两名学生化妆的行为，是因为我认为她们的心思全部放在了化妆这件事上，忽略了她们作为学生的主要任务。对于此次事件，我总结了一些经验教训与大家分享。

第一，明确上课纪律，让学生做到"心中有数"。

以往的课堂上，学生们偶尔站起来跳一下，或是突然提问一些延伸拓展的问题我都不会制止。时间久了，学生心里的纪律意识就慢慢薄弱了，所以没有意识到在课堂上化妆已经超出了平时的"好动"范围。可是对于学生来说，或许他们并不知道哪些行为是可以在课堂上做的,哪些行为是不可以的。针对这一情况,我认为问题主要出在老师课堂管理不到位上。老师应该明确上课纪律,让学生弄清楚课堂上能做与不能做的事情。只有"先说断",才能"后不乱"。

第二,和学生共情,充分观察学生的心理变化。

本案例中化妆的是两名女生,要考虑到女生常见的害羞性格,尤其是她们正值青春期,关注她们的心理状态也尤为重要。在本案例中,尽管在课堂上化妆确实不应该,但是我作为教师,生硬制止的做法也存在不妥。在老师的负面评价下学生首先会觉得尴尬,其次课堂节奏也会被打乱。不论是对于化妆的两名女生来说,还是全班同学来说,这一做法都是不可取的。如果再次发生这样的情况,我想我应该首先以眼神示意学生停止这种行为或是走到学生身边轻敲桌面以示提醒。

第三,及时与学生沟通,避免师生之间出现芥蒂。

师生之间良好的沟通是教学正常进行的重要保障。及时有效的沟通,能让学生能更好地理解教师的良苦用心,同时,教师也能得到有效的课堂反馈。在本案例中,我应该及时在课后与两名学生沟通在课堂上化妆的事情,让学生知道我并没有责怪她们的意思,而是希望她们能利用有限的课堂时间多学习一些知识。

五、思考与实训

1. 阅读案例叙述,你认为教师的行为合适吗?

2. 你赞成案例中该教师课后与学校、学生之间的协调办法吗?如果你是这位教师,你会怎么处理这样的问题?

3. 阅读案例反思,你认为该教师提出的几点建议是否可行?如果不可行,应该如何改进?

六、延伸阅读

1. 程艳芳. 跨文化交际中文化移情能力的培养研究[J]. 理论观察,2021(5).

2. 郭雪瑶. 汉语国际教育中的跨文化交际[J]. 金田,2013(11).

3. 申继亮. 当代儿童青少年心理学的进展[M]. 台北:五南图书出版公司,1995.

4. 童奇,林崇德. 当代中国儿童青少年心理发育特征:中国儿童青少年心理发育特征调查项目总报告[M]. 北京:科学出版社,2011.

● 案例三

"一个一个"进教室上课的学生

关键词：时间观念；课堂管理；跨文化交际
案例作者：黄栩

一、案例场景

我在对语教师的培训课上就听说过，泰国人的生活节奏是非常缓慢的，迟到是一件很常见的事情。作为汉语教师，我理解并尊重泰国学生的生活习惯和上课习惯，但是如果学生能做到准时上课，那么他们学习中文的效果以及学习态度一定会有所改观。

二、案例叙述

"每天上午第一节课为中文课，上课时间是上午九点，每节课为一个小时。"这是初到任教学校时，负责对接工作的老师告诉我的上课时间。第一天上课，我提前十分钟到教室准备课件，然后等着学生来上课。但是到了九点，居然没有一个学生来上课。等了十五分钟后，来了两个学生，后来的四十分钟里每隔几分钟进来一个学生。十几个学生几乎是"一个一个"地进教室来上课。一开始我以为学生们不知道今天已经开始上课了所以才会"姗姗来迟"。于是我问他们："知道今天中文课开课了吗？"有位学生大声地回答道："老师，我们知道今天开始上课了。"我马上表示了我的不解，"既然知道要上课为什么却没有人准时到教室呢？难道是不知道上课的时间吗？可是上午第一节课的上课时间是固定的呀。"因为是第一天见面，不好追问学生太多，以免留下"啰嗦"的印象，所以我决定课后再找对接老师了解情况。当天下午对接老师告诉我，学生迟到是因为去餐厅吃早饭了。学生们来到学校后的第一件事情是升国旗，然后，学生常常会在第一节课的上课时间去吃早饭。除此之外，对接老师还告诉我，如果学生经常迟到，那么可以把上课时间提前半个小时。平常学校组织学生参加活动，也会将正式时间提前半个小时告诉学生。基于这样的情况，我决定和学生好好谈一谈关于中泰两国时间观念不同的问题。

我和学生沟通后的合影

三、理论聚焦

准　时

　　准时是现代生活中一个十分重要的时间观念。对准时的理解不同以及是否做到准时是比较容易引起跨文化交际误解和摩擦的一个方面。在非洲一些国家任教的中国老师常常抱怨当地提供公共服务的人员不准时，给他们的生活和工作带来了不便，于是对当地人产生了做事不守时的负面印象。在中国留学的日本和韩国学生常说他们弄不懂中国人说的"等一会儿"和"马上"的含义。与中国朋友约定见面，中国朋友说"马上就到了"，结果等了半个多小时中国朋友才到，因此他们觉得中国人不在乎耽误了别人的时间。以上这些跨文化交际中出现的负面印象和误会都与时间观念有关。

四、案例反思

　　不同国家时间观念不同，在跨文化交际中一直是较典型的问题之一。在中泰两国学校的跨文化交际中，时间观念方面最突出的区别主要在于午休、假期调休和迟到。作为汉语教师，面对案例中学生迟到的问题，一定要积极想办法解决。为了保证教学工作正常开展，我自己反思后提出了几点建议与大家分享。

　　第一，介绍中国人的时间观念。

　　学生来学校学习，除了学习各种语言知识和交际技能，教师也应当引导学生树立良好的时间观念。学生学习中文，了解一些中国观念和文化也是非常有必要的。教师可以在课堂上给学生科普中国人的时间观念，让他们了解中国课堂要求上课准时，并且还会有课堂铃声作为提醒。所以来上中文课，要尽量准时到教室，这也是靠近目的语文化的一种体现。

第二，设立奖惩机制。

学生迟到，也可能是因为他们缺乏准时到教室上课的驱动力。教师可以设立奖励机制，比如上课准时到教室的同学可以获得一张准时卡片，如果一个月内全勤，那么他们会获得小礼物。或者是设立惩罚机制，对迟到的学生做出相应的小惩罚。设立以上机制，不仅能增加学生准时到教室上课的驱动力，还能缓解学生上课前的紧张情绪。

第三，理解不同文化，做出适当调整。

针对以上情况，特别是对中泰时间观念的差异有所了解后，我们也不要因为这些长久以来养成的习惯很难改变而感到生气和气馁。一方面，我们应该对他们的时间观表示理解；另一方面，为了不耽误课程进度，积极调整上课时间，找到解决办法才是关键。既然学校有时也会为了让学生准时上课或参加活动，而改变"准确"时间，那么我们作为汉语教师也可以顺势做出一些改变。我们可以和学校商量，推后上课时间，让学生先吃早餐再上课；或者是延长上课时间，一节课延长为一个半小时，课间休息半个小时让学生吃早餐。对于汉语教师来说，独自一人到陌生的环境，通常面对的都是强势的异国文化，有时候做出适当的调整是一种"利人利己"的方法。

五、思考与实训

1. 结合相关材料，说一说为什么中泰两国的时间观念会有此差异。时间观念还有其他什么表现吗？

2. 上课迟到的现象，你认为只在泰国存在吗？中国学生上课迟到的情况如何呢？说一说两国学生上课迟到的原因异同。

3. 阅读全文，针对案例中的问题，结合实践谈一谈是否有更好的解决办法。

4. 在当下跨文化交际的研究中，中国与泰国在时间观念方面有较多相同点，你认为这种划分是绝对的吗？这些特点会发生改变吗？

六、延伸阅读

1. 汪天文，王仕民. 文化差异与时间观念的冲突［J］. 学术研究，2008（7）.

2. 王瑶. 中泰时间观念的异同及其对交际的影响［J］. 文艺生活（文艺理论），2014（9）.

3. 张梦依. 跨文化交际——中泰时间观念比较［C］. 荆楚学术，2019（8）.

● 案例四

汉语口语教学

关键词：汉语教学；教学法；语言对比
案例作者：黄栩

一、案例场景

根据学生的情况，采取合适的教学方法是每个汉语教师都应该掌握的必备技能。我所教的学生在一年或两年后可能会走上工作岗位，所以我非常重视他们的听说能力训练。由于中泰语言的差异，他们的发音习惯和句子表达普遍存在一定的问题，所以我采取了较为灵活有趣的练习帮助他们进步，希望我的教学对他们今后的学习或工作有一定的帮助。

二、案例叙述

泰国旅游业发达，为了适应旅游业的发展，大多数泰国人都会说英语，还有一部分泰国人既会说英语也会说汉语。我接触到的学生里大部分都了解一些基础性的汉语知识，在口语表达方面，能说一些简单的词汇，比如：老师好、早上好、谢谢、喜欢、好的，等等。最初学校安排给我的班级是高中一年级的学生，他们对于汉语有一定的了解，这学期他们依然主动选修了汉语课。对于这个情况，我感到非常开心，因为比起没有任何基础的学生，他们面对汉语没有陌生感，同时这学期愿意继续学习也表示他们对汉语兴趣浓厚。上课一周后，我发现班上同学确实基础不错，讲解知识点的时候也很少有不明白的地方，但是他们平舌音和翘舌音的发音却不太标准，说出的句子在语法上也存在一定问题。虽然这些瑕疵在交流的时候不会造成很大的影响，但是既然学生有汉语基础也有学习的兴趣，那么作为汉语教师，我有责任帮助他们汉语水平更上一层楼。

最初我以为他们之所以出现上述偏误，仅仅是因为以前他们学习拼音的时候忽略了一些细节，后来我才发现他们是平舌和翘舌的发音本身存在问题。我们平时交流的时候，经常会出现这样的情况：学生来办公室叫我去食堂吃饭，说出的却是："老 si，ci 饭了。"经过观察，我发现他们大部分人只能发出平舌音，而发翘舌音时，即便他们已经在有意识地纠正自己，发出来的仍然是平舌音。而且他们在说中文句子时，语序也有些小毛病。例如：学生曾在上课时表达对我的喜爱，因为他们已经学过"老师、喜欢、你、我、他、她"这些词汇，我鼓励她用中文再说一遍，结果学生说出的却是："老师我喜欢你，多多地。"虽然我能明白她的意思，但是这个语序放在中文里却是非常不地道的。校长告诉我，这一批学生如果不考大学，那么一年之后就会去各个旅游城市实习，所以纠正他们的口语发音迫在眉睫。因此，之后每天我都会专门抽出时间对他们的发音进行系统性纠正。

在给学生制订新的学习计划前，我搜集了大量资料，分析了中泰两种语言的差异。汉语和泰语其实存在一些相同点。两种语言都属于汉藏语系，泰语属于壮侗语系泰语族。语音方面，两种语言都有声调，都有平舌音，但是泰语中平舌音和翘舌音不具备区别特征，所以他们对"z、zh、c、ch、s、sh"的平翘舌音并不注意区分。也是因为这样，才会出现上述发音不正确的情况。语法方面，两种语言都是孤立语，没有形态的变化，语序和虚词是表达语法意义的主要手段，基本的语序都是主语—谓语—宾语。但值得注意的是，泰语的修饰语位置和汉语不同。泰语的定语是在中心词之后，状语则是有的在前有的在后。所以才会出现上述"喜欢你，多多地"这样的情况。

首先，针对学生平翘舌发音不分的问题，我打算以绕口令的形式帮助他们有意识地去区分平翘舌发音的不同。课上我专门放了一段中文里经典的绕口令给他们听，旁边还附上了平舌音发音位置变化图和翘舌音发音位置的对比图，他们可以一边听发音一边看图片的变化，最后再跟着发音模仿读出正确的发音，这样有助于他们理解发音难点。第一天教学的是"s"和"sh"的区分，在我的努力下他们学会了一段"四是四，十是十，十四是十四，四十是四十"的绕口令。后来的学习中，我发现还有一部分学生存在前鼻音和后鼻音无法区分的情况，所以他们又学习了"红凤凰，粉凤凰，红粉凤凰花凤凰"这样的绕口令去区分发音。

其次，针对修饰语语序的问题，我让学生每天多读课文再辅以相对应的练习题。因为母语的思维定式，这个问题不是一朝一夕就能解决的。所以在课堂上，我会尽可能地让每个学生用中文发言或是朗读课文；课后作业则是让他们做大量的练习题，例如判断句子正误、将词汇连成句子等。

最后，为了满足学生走向岗位所需要的口语表达能力和交际能力需求，我选择了沉浸式教学。经过和校长商议，我在中文教室贴了中文词汇小卡片，每个人的桌上也贴了各自的中文名字。课堂上我要求学生在交流时尽量不说英语和泰语，课后如果是有不懂的问题需要询问老师，也尽量以中文提问。在这样的学习氛围下，学生虽然有一定的压力，但取得的效果也是非常明显的。期末考试时，我设置了自由谈话环节，这一环节在学生最终成绩中占比40%。每个学生在和我面对面交流时都能流利地说出自己的姓名、年龄等基本信息，也能正确地说出日常交际用语。

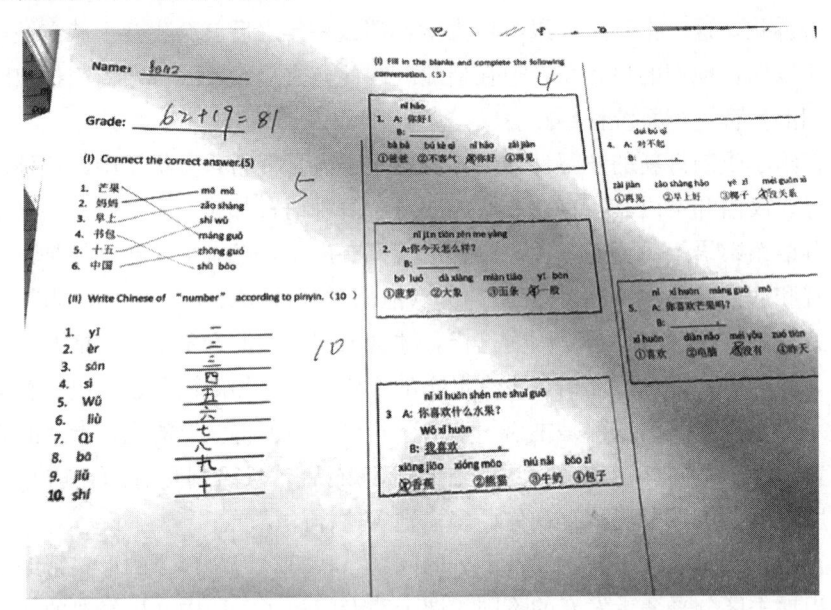

给学生布置的部分作业

三、理论聚焦

第二语言教学法——视听法与交际法

视听法是17世纪由捷克教育家夸美纽斯首次提出的一种第二语言教学法。其特点是视觉感知和听觉感知相结合；语言和情景紧密结合；整体结构感知。先口语教学，后书面语教学，听说领先，教材以对话为主，进行集中强化教学。交际法又称"交际语言教学"，较早又称为功能法，是以语言功能和意念项目为纲、培养在特定的社会语境中运用语言进行交际能力的一种教学法。

四、案例反思

在给学生纠正发音时，好几次我都陷入了迷茫。明明很多难以区分的音他们都能发对，而翘舌音怎么会全部发成平舌音呢？基本的句子能说对，但是说复杂的句子时语序却时而正确时而错误。原本认为泰语和汉语都同属于汉藏语系，学生应该不会在学习中出现大的问题。后来仔细比较了两种语言在发音和语法方面的差异，才及时找到了解决问题的办法。此次教学经验也让我明白了相同语系的学生学习汉语也不是轻松容易的。此外，教授汉语的过程同样也是汉语教师学习和历练的过程。为了提升教学效果，我总结了一些经验与大家分享。

第一，面对困难，要耐心寻找解决方案，提升自己的教学能力。

一开始我以为学生的汉语水平是相当不错的，结果他们在发音问题和口语表达方面却不令人满意。为了让他们一年后顺利走向实习，我必须找到合适的教学方法。课堂上，我一遍一遍带着学生练习发音，让他们观看语音视频模仿正确的发音方法，观察舌头的位置变化；句子也从主谓宾式的简单句子慢慢发展到复杂句子，让他们自己区分定语或状语位置。对他们来说，建立翘舌音的概念是一个从无到有的过程，语序也需要时间重新梳理。所以教学时不仅要站在他们的角度理解学习的难点，同时还要耐心解决他们在学习中遇到的各种问题。

第二，从理论知识中分析学生的学习障碍。

为了分析学生无法区分平舌音和翘舌音的原因，我查阅了有关二语习得的文献资料。从资料中我了解到学习者在习得第二语言时，母语和目的语中相同的语言结构特征会产生正迁移，两者之间的差异则导致负迁移。泰国学生能正确发出"z、c、s"是因为泰语中本身就存在平舌音，这就是发生了正迁移；但是由于泰语中不存在翘舌音，所以他们没有翘舌的意识和习惯，发音时便一起发成了平舌音，这就是负迁移。语序方面也是同样的道理。明白问题出在哪里之后，我又制定了新的教学计划来创造相应的"沉浸式"语言环境，让他们开口说中文，帮助学生克服发音困难。

第三，增强课堂的趣味性，调动学生学习积极性。

泰国学生天性活泼，不喜欢枯燥无味的课堂氛围。在课堂上做一些小游戏、播放趣味视频或是分小组比赛都是调动学生学习积极性的办法。针对学生的发音问题，教他们有趣简洁的中文绕口令是很好的办法。我们可以让每个学生以接龙的形式站起来说绕口令，也可以让学生分小组比一比哪一个小组说得更好。在这样的氛围下，学生的积极性大大提高，当学生准确说出绕口令时，其他同学会鼓掌欢呼；如果出现小错误学生自己也能意识到，大多数学生会对自己犯过的错误印象深刻，再犯的概率也大大减少。

总而言之，汉语教学并不是一项轻松简单的任务，我们需要不断克服教学过程中出现的各种困难，同时也会收获新的知识和心得体会。

五、思考与实训

1. 本案例中，针对泰国学生的发音问题，汉语教师使用了哪些具体教学方法？

2. 对比中国学生学习平舌音与翘舌音的情况，泰国学生为什么会出现案例叙述中的问题？

3. 从语音教学的角度，设计一个针对泰国学生的教学片段。

4. 结合案例反思，谈一谈在教授外国学生时还有哪些既有趣还符合教学要求的小游戏。

六、延伸阅读

1. 曹青．从汉泰语言语音系统对比看泰国学生汉语语音习得偏误［D］．西安：西安外国语大学，2013．

2. 王福祥，吴汉樱．对比语言学概论［M］．哈尔滨：黑龙江大学出版社，2012．

3. 许余龙．对比语言学［M］．上海：上海外语教育出版社，2002．

4. 庄美芳．汉泰语言对比研究现状及分析［J］．国际汉语学报，2011（2）．

5. 孙益欣．从汉泰语言差异看对泰汉语教学［J］．安徽文学（下半月），2011（1）．

6. 张志豪．浅析汉泰语音的对比及其教学难点与方法［J］．文化创新比较研究，2018，2（22）．

● **案例五**

不同年龄学习者的学习特征

关键词：汉语教学；学习动机；学生学习特点
案例作者：黄栩

一、案例场景

在泰国任教期间，因为未成年学生和成年学生的中文基础不同并且学习进度也不一样，所以我常常在备课时从他们的年龄特征出发，以学生的实际需求为导向，思考如何使用教学方法才更合理，或选择哪些内容在课堂教学才能达到更好的教学效果。在经过和其他老师沟通以及与学生磨合一段时间后，终于取得了不错的教学成果。

二、案例叙述

某一天下午，校长来办公室找我沟通周末加课的相关事宜，但是现在学生的课程已经排满了，加课的话学生的负担就会过重。于是，我表示了我的不解，后来校长解释道，现在越来越多的中国游客来泰国旅游，其中有不少来到泰国北部一些小城市，但是这些小城市里会说汉语的泰国人少之又少，所以在当地做生意的商家认为他们的当务之急就是学汉语、掌握基础的汉语知识以达到能和中国游客简单交流的程度，这样他们才能赶上这次的旅游热潮。

第二周，校长就组织了一个成年班的中文课，上课时间安排在周日上午，上课时间为一个小时，上课内容会根据学生的实际要求慢慢改进。第一次上课人数大约是 50 人，平均年龄在 26 岁。第一节课上，我简单做了一下自我介绍。说实话，面对比我年长的学生，我的新鲜感和紧张感都是前所未有的。做完了自我介绍，我也想了解一些学生们的具体情况，于是开始了十分钟的互相介绍时间。他们大部分都是当地人，平时经营一点小生意。他们中间有开饭店的、开咖啡馆的、做代购的，还有开便利商店的。这些学生大多都是因为生意需要来学习汉语，也有小部分是因为对中国感兴趣，想来听一听中文课，顺便了解一些中国文化，希望以后有机会去中国旅游。

由于这些学生的目的非常明确，且一周只有一节中文课，所以我的课件和

跨文化交际教学案例与分析

教材都是根据他们的实际需求来安排的。第一节课，我决定先教一些简单的问候语和打招呼的句子，比如：您好、欢迎光临、谢谢、不客气。考虑到他们的语言水平，我决定使用英文来辅助教学。我将中文"您好"展示在屏幕上，旁边再放上拼音"nǐhǎo"，下方则以英文"hello"来解释中文"您好"的意思。以此类推，后面的内容都以这样的方式来教学。课堂上，学生学习的效果比我预期的好得多。他们能非常迅速地掌握这些词语或短语的意思，偶尔有发音不准确的地方，只要纠正过，他们下一次发音时也会格外注意。在他们的配合下，第一节课进展很顺利，也让我更加期待第二周的课程。

第二节课时，结合上一节课学生的水平，我准备了更难的内容。由于学生平时的工作是和中国游客打交道，所以他们最主要的任务应该是练习听说中文。在第二节课上，我打算让学生学一些关于询问价格的句子以及对数字和货币的表达。和我预想的一样，他们领悟得非常快，而且这次我用了一些情景去启发他们思考。比如，中国游客来买东西，首先应该对游客说什么，学生回答说"您好"，接着游客询问价格，学生要说出什么东西多少元。除此之外，我还给学生补充了人民币和泰铢两种货币之间的汇率知识，以及告诉他们中国人更习惯使用电子支付软件，比如，微信（WECHAT）和支付宝（ALIPAY），同时我也放上了两种软件的图片供学生参考。学生对这节课的内容非常感兴趣，除了我准备好的知识，还请我多分享一些中国人出门旅游的特点。我告诉他们，中国人买东西有时会有砍价的习惯，吃完饭结账可能也会要求老板将零头抹去。特别要注意的是对一些数字的偏好和忌讳，比如数字六和数字八常常是中国游客偏爱的数字，因为六意味着"六六大顺"，八的中文发音同"发"相近，是发财的意思；数字四则是最忌讳的数字，因为发音和"死"相同，大多数中国人在选择桌子吃饭或是在酒店订房时都会刻意避开这个数字。学生们听后认为这些知识对他们的工作和了解中国文化都非常有用，希望之后上课的内容也围绕实际的例子或跨文化交际的知识展开，多补充一些相关的中国传统文化和习俗。

一学期之后，班上的学生反馈说他们平时接待中国游客时能够进行基本的交流沟通，我鼓励他们大胆地开口和中国游客说话，因为这样不仅能为他们招揽生意，同时也能提高他们的口语水平。

高中一年级学生

成年班学生

三、理论聚焦

学习者的个体因素——情感因素

情感因素在第二语言习得中起到了极其重要的作用。个体因素中的情感因素，主要指动机、态度和性格。首先，动机既可以分为内部动机和外部动机，又可以分为近景动机和远景动机。内部动机是个体自身所产生的动力，常常来自个体对所做事情的兴趣和对其意义的认识。外部动机是外部因素作用的结果，如别人的影响、奖赏、惩罚等。近景动机是指关于学习活动的直接、具体、局部的动机，远景动机则是与长远目标特别是有社会意义的目标相联系的动机。其次，态度是构成动机的主要因素之一。影响学习态度的几个方面是：对目的语社团和文化的态度；对目的语的态度；对课程和教师、教材的态度。最后，性格特征对第二语言习得也有重要的影响。

四、案例反思

大部分汉语教师的教学对象都是中小学生，接触成年学生的机会较少，所以这次给成年班学生上课，对我来说也是一次非常难得的机会。不同年龄阶段的学生有不同的学习特点，于是平时我有意将高中学生的学习特点和成年班学生的学习特点记录下来，进行分析和对比，希望以下几点建议对大家今后的汉语教学工作有所帮助。

第一，充分了解学生实际需求，制定教学目标。

我在工作日面对的学生是年龄为十五六岁的青少年，他们的课程常常是由学校安排的或是自己选修的，因此这一年龄阶段的学生在学习中文时，往往没有明确的目标。基于此种情况，在教学时我会根据学校提供的教材并结合实时新闻热点讲解一些基础的汉语知识点，目的是让他们认识汉字，会拼读拼音，在课堂上听懂简单的指令，以及多开口说话。除此之外，我还会给他们介绍中国的基本国情、风俗习惯等。而成年班学生的需求则非常明确，需要学会日常交际语，了解与货币、买卖相关的知识。显然，相比高中学生来说，成年学生在知识方面的学习需求更单一，也更侧重于听说技能的提高。面对学生不同的需求，汉语教师要制定具有针对性的教学目标以及教学计划。

第二，根据不同的学习动力，改进教学内容。

关于学习动机，高中学生更多的是外部动机，因为他们在乎成绩，在乎别人对他们的评价。而成年学生更多的是内部动机，他们能意识到学习汉语可以为他们带来好处。所以上课时，高中学生不太会要求老师再多讲一些补充内容，常常是跟随老师的授课节奏甚至偶尔还跟不上老师的节奏。而成年学生经常在掌握课堂知识的前提下要求老师分享更多内容。汉语教师要做好既有可能备一堂课要讲两三堂课，也有可能备两堂课一个小时就讲完了的心理准备。

第三，及时获取反馈意见，完善教学计划。

汉语教师的教学效果最终还是取决于学生的掌握情况，所以和学生聊天沟通是获取第一手反馈的重要方法。只有了解学生的情况，才能及时修改和完善后续的教学计划。这样既能提高自身的教学水平，也能顺利推进教学。

第四，结合教学内容补充目的语文化。

在给学生们教授数字时，我补充了中国人对某些数字的喜好和忌讳，让学生在掌握语言知识的同时降低在跨文化交际中造成误会的概率。

五、思考与实训

1. 阅读案例叙述，你认为教学和文化有关吗？教授新知识是否应该结合相应的文化知识？

2. 除了案例中提到的特点，你认为不同年龄阶段的学习者还有哪些方面的差异？二语习得和年龄有关吗？为什么？

3. 结合材料想一想，作为汉语教师，面对平均年龄比自己大的学生或和自己年纪相仿的学生时，应该如何保持教师应有的心态？你是会选择和学生打成一片，还是建立起教师的威信，让学生对你"敬而远之"？

六、延伸阅读

1. 陈丹辉. 职业学校学生学习特点研究［M］. 北京：气象出版社，2006.

2. 胡文仲，高一虹. 外语教学与文化［M］. 长沙：湖南教育出版社，1997.

3. 石绍华，高晶，郑钢，等. 中学生学习动机及其影响因素研究［J］. 教育研究，2002，23（1）.

4. 王国华，刘合群. 职业教育心理学［M］. 广州：广东高等教育出版社，2004.

案例六

我们一起过春节

关键词：中国春节；文化传播；跨文化交际
案例作者：黄栩

一、案例场景

我在泰国任教期间恰逢中国人最重视的传统节日春节。作为汉语教师，我们的任务不光是教授学生语言知识和培养学生的语言技能，向外国学生传播中华民族优秀传统文化也是我们肩负的责任和使命。于是我借着这次过春节的机会，让学生和我"沉浸式"体验了一回中国春节的传统习俗，希望借此激发他们学习汉语的热情。看到他们眼里流露出对中华文化的向往，我感到很欣慰。

二、案例叙述

春节是中国最古老、最盛大的传统节日，也是一个阖家团圆的日子。恰逢春节，我去唐人街买了一些装饰用的小玩意儿挂在自己的房间里，以增加喜庆的节日气息。班上的学生知道春节快到了，对春节非常好奇，想了解春节的来源和习俗。我认为这是一个向学生介绍中国传统文化的好机会，了解更多的中国文化也有利于他们的汉语学习，于是我便向学校管理处的老师提出外出上课的想法。管理处的老师欣然同意，他们了解泰国学生动手能力普遍都很强，因此非常赞成学生多一些课外实践。在做计划表期间，我让学生参与进来并提出自己的想法。经过讨论，我们决定白天去唐人街买一些春联、福字、窗花、红色绳子来装饰房间，晚上一起吃火锅庆祝春节。

第二天一早，我和学生坐车去了市里的唐人街。唐人街的过年气氛非常浓厚，到处都贴了福字，挂着红色灯笼和各式各样喜气洋洋的装饰物件。我挑了一副春联，还买了几张样式各不相同的窗花。学生则对红包很感兴趣，纷纷闹着买红包，回去让我给他们发"压岁钱"。我正疑惑他们是怎么知道红包的用途的，一个学生笑着说是店里的老板告诉他们的，我只好笑着答应今天晚上吃完饭给他们发红包。热热闹闹地采购完，我们一起回了学校，我告诉学生接下来的安排是大家一起打扫卫生、贴春联和窗花、吃晚饭，然后他们可以留下来和我一起看中国的春节联欢晚会。到了教室，学生们开始分工，有的扫地，有的抹桌子，我则拿上双面胶开始贴春联。学生站在旁边问我："那个短短的纸是什么？"我说这是横批，春联主要由上联、下联、横批组成。另外还有福字。同时我告诉他们，春联上写的字都是表达美好的期盼，通常是希望来年一切顺利、家人健康、万事如意。在我贴福字的时候，又有学生跑来说："老师你是不是贴反了呀？我们学过这个字，它不是这样写的。"我解释道："把福字倒着贴，是因为谐音'福到'，希望福气都到自己家里来的意思。"学生们恍然大悟，都觉得很奇妙也很惊喜，原来贴福字还有这样的讲究。我把窗花分给学生，让他们贴在教室外面的窗户上，然后我又带着学生编织中国结。太大的中国结比较复杂，于是我打算教学生最简单的小中国结。学生们把我围在中间，第一遍，我一步一步地示范给他们看绳子应该怎么拿在手里，后续应该怎么绕；第二遍我让学生跟着我的示范自己动手编，我教一步，他们跟着学一步。他们的动手能力很强，不过两三遍，自己就能熟练地编出一个小的中国结，还能发挥想象用剩下的绳子编一些其他的样式出来。晚上我们一起吃了一顿火锅，在饭桌上我将下午买的红包拿了出来。发红包之前我让学生猜一猜为什么中国会有发红包的习俗。有个女生回答："是因为中国小孩平时没有零花钱所以才在一年的最后一天补偿吗？"我听后哭笑不得，因为我小时候也曾有过这样的想法。随后我解释道："在中国，一般是由长辈给晚辈发压岁钱，据说压岁钱可以压住邪祟，因为（岁）和（祟）同音，长辈希望晚辈得到压岁钱能平平安安度过一岁。晚辈讨要压岁钱时，首先要向长辈说几句新年祝福语，长辈听后才会将红包递给晚辈，同时也会祝福晚辈新 年健康成长等，所以发红包的习俗其实是两辈人互送新年祝福的过程。"话音刚落，学生们纷纷站起来说："祝老师新年快乐，新年一切顺利。"于是我手里的红包一下就被学生"抢"走了。我笑着对他们说："也希望你们来年身体健康，快快乐乐。"晚饭后，我开始用手机收看中央电视台的春节联欢晚会直播，学生们虽然听不懂，但是也能感受到春节喜庆的氛围。

　　第二天在课堂上，学生们自发地讨论起昨天的春节活动。我让他们自由发言，之后我会针对发言进行补充或纠正，最后再进行总结。昨天的体验对他们来说非常新奇，他们认为中国传统文化习俗非常丰富，谐音比较多，讲究互相祝福，气氛很热闹、很欢乐。我补充道："传统的习俗不只昨天体验的那些，中国地大物博，各个地方还会有当地的习俗，并且中国文化悠久绵长，有很多细节是非常讲究和有特殊寓意的，送祝福是因为中国是礼仪之邦，重视长幼尊卑。"

这一次的文化实践，不仅让学生觉得非常开心，学校老师也认为让学生参与实践能快速地深入了解他国文化，最重要的是我也借这次机会让学生体验了中国最重要的传统节日，带他们又一次领略了中国传统文化的魅力。

学生编织的中国结

三、理论聚焦

汉语教学相关的文化教学——基本国情和文化背景知识

基本国情和文化背景知识主要是针对目的语国家而言的。其虽然与语言结构没有直接的关系，也不一定造成交际中的误解，但又是掌握目的语和进行目的语交际所必需的，是第二语言教学的一个组成部分。比如说，运用汉语进行交际的第二语言学习者应该知道有关中国的一些基本情况。如中国的地理概况、人口和民族、政治经济、社会制度、历史演变、文学艺术等必需的知识，这也是第二语言学习者感兴趣、希望了解的部分。

四、案例反思

这次带着学生体验中国春节的一系列活动，取得了不错的效果。关于如何向外国学生传播中国文化，我有如下几点建议。

第一，将文化知识融入实践，增加学生的参与感。

大部分外国学生接触中国文化时，他们的印象都是停留在音乐、图片或文字描述上，没有太多机会投入实践活动。这次我带着学生一起过春节，让他们贴春联、贴窗花、动手编中国结，这些活动不仅能大大激发他们的兴趣，也能让学生更加主动地参与各项活动，还能让他们更加深入地了解中国文化。

第二，要善于引导学生思考，鼓励学生自主发言。

在贴福字和发红包时，我都让学生动脑筋思考倒着贴福字是为什么，以及在中国，长辈给晚辈发红包的意义是什么。通过自己思考，再加上我的解答，能让他们更加深刻地理解这些习俗的意义。

第三，因地制宜，合理规划体验活动。

因为时间和材料有限，我没办法让学生将过春节的全部流程都体验一遍，只能将资源最大化利用，尽量组织几个有趣的活动。虽然将过节的流程简化了，但是效果却没有因此"大打折扣"，简单的环节也能让学生对中国文化充满好奇，并且对下一次的实践课程充满期待。

总的来说，汉语教师肩负的责任不只是教会学生语言知识或是培养学生的语言技能，传播中国文化也是我们义不容辞的责任。

五、思考与实训

1. 阅读案例叙述，一开始作者没有想到给学生发红包，当学生突然提出，作者是怎么处理的？如果你遇到这样的突发情况，你会怎么做？

2. 结合案例反思部分，如果你在国外任教，你会向学生介绍哪些传统节日？你会怎么介绍？你会让学生感受传统的节日习俗吗？

3. 阅读全文，从汉语教师的角度出发，你认为教授汉语基础知识更重要还是传播中国文化更重要？你同意"文化传播也是汉语教师的责任之一"的观点吗？

六、延伸阅读

1. 陈璐怡. 浅谈泰国华人春节的文化习俗 [J]. 大众文艺，2017 (6).

2. 杜若伊，张东强. 缅甸泼水节与中国春节习俗对比研究 [J]. 青春岁月，2016 (4).

3. 李卓婇. 中国春节习俗现象传播研究 [J]. 新闻传播，2017 (20).

4. 王文章，李荣启. 中国传统节日的文化内涵 [J]. 艺术百家，2012 (3).

案例七

"倒霉"的草莓

关键词：泰国学生；汉语语音教学
案例作者：黄霞

一、案例场景

我在泰国的教学对象有一部分是幼儿园的学生。这些学生年龄较小，基本上都是零基础。因此，以他们为对象的汉语课的教学目的主要是让学生通过学习简单的汉语词汇，增加对中国的认识，提高学习汉语的兴趣。教学内容以简单的话题为主，如动物、颜色、亲人等。本周教学话题是水果。

二、案例描述

前几周的汉语课中，学生已经学习了关于动物和颜色的词汇，本周按照教学计划进行新的话题教学——水果。由于该班学生很听话，上课内容也简单，所以学生对所学知识掌握程度很好，每次课前复习，有60%的学生能准确回答出上节课所学知识。本周，我也满怀信心地走进了教室。

我通过PPT展示让学生直观知道所学汉语词汇的意思，然后通过手绘卡片，让学生在众多卡片中找出我所说的水果。我的教学目的也很明确，就是让学生能够正确地掌握每种水果的发音并且能音义对应，为以后的日常对话打下较好的基础。在语言沟通不是很顺畅的情况下，我在教学中更多的是让学生跟读模仿。一开始的水果词汇教学进行得很顺利，学生们都能快速掌握，但当我教"草莓"时，学生却不能掌握"cao"音，总是读成"dao"，我教一遍"草莓"，他们就读一遍"倒霉"。发现学生们不能很好掌握"草"的读音后，我对"草"进行了单独的发音教学。我尽量夸大我的发音口型，一方面让学生仔细听辨，一方面让学生注意我的口型和舌位变化，从是大还是小、是圆还是扁、是前还是后来体会发音要领，但还是没有效果。为了不耽误教学进度，我只好暂时跳过"草莓"，不在这堂课上花更多的时间对学生的发音进行纠正。

在课堂上纠正发音

三、理论聚焦

二语习得的偏误分析理论

在习得母语之后,一个人还可能在教学环境或自然环境中习得另外的语言,我们称这种语言为第二语言,包括该语言的语音、词汇、语法等相关知识。二语习得的偏误分析理论相信,学习目的语的过程中学习者出现的语言偏误属于正常现象,并且是在学习二语过程中难以避免的语言问题之一。语言偏误的来源主要是因为学习者对目的语的语言规则持不确定的态度,自己则做出了假设和判断,后来发现所假设的结果与目的语规则不相符的现象,这些情况就是"语言偏误"。汉语教师在教学过程中要正确认识和对待学生出现的语言偏误现象,出现偏误并不是学生学不好或不认真学习汉语导致的,而是每个语言学习者都必经的一个阶段。

四、案例分析

汉语和泰语都属于汉藏语系,音节都由声母、韵母和声调三部分组成。但两种语言在语音层面上又有各自的独特之处。本案例中的泰国学生不能很好地分清声母"c"和"ch"的发音,但在汉语声母分类中,"c"和"ch"的发音差别很大,在以往研究中,这两个声母都不会作为比较的重点,并且泰语中也有相对应的"c"和"ch"的发音。以上原因都不能解释泰国学生为什么不能区别声母"c"和"d"。

我又从另一个角度思考，在泰国的教育体制中，他们把英语看得比汉语重要，该校的幼儿园学生每周会有2~3节英语课，但只有一节汉语课。并且很多泰国学生家里有较好的英语环境，总的来说泰国学生的英语水平普遍比汉语水平高。在泰国英语课程中"c"发"xi"的音，"d"发"di"的音，两个音有相似的地方。所以，声母"c"和"d"即使在汉语和泰语中并不相似，但学生依旧不能很好地发音，其原因是受到了英语的负迁移影响。

找到原因后，我认为可以利用多种语言教学方法进行"c"和"d"的发音对比语言教学：第一，教具演示法。通过直观的手段展示发音部位和发音方法，比如：运用发音部位图展示"c"和"d"的发音部位和发音方法。"c"是送气音，"d"是不送气音，所以可以将纸片放在嘴前，吹动纸片来演示送气音"c"的发音。但展示讲解过程不宜太复杂，因为教学对象还是幼儿园学生，接受能力较差。第二，夸张法。有时为了突破教学难点，可适当加以夸张。学生在学习送气音时，一般掌握不好送气的时长，往往发得过短，所以在教学中可以夸张一些，让学生更好地感受送气音的特点。例如：让学生慢读cao（为了让学生注意到发音部分，唇形和口型也可以适当夸张）。第三，对比听辨法。该校幼儿园学生因为受到英语负迁移影响，不能很好地辨别c和d，所以为了有针对性地纠正其发音，教师应该对英语和汉语c和d两种语音体系进行对比，找出差别，这样在教学中才可以抓住指导学生发音的关键。

五、思考与实训

1. 结合案例描述和案例反思，谈一谈你会如何设计一堂课来区别声母c和d的发音。

2. 如何看待语音学习的重要性？

3. 汉语语音教学等同于汉语拼音教学吗？

4. 语音教学与其他语言要素教学存在怎样的关系？

六、延伸阅读

1. 杨梓. 泰国呵叻府农业职业技术学校汉语语音课声母教学设计［D］. 锦州：渤海大学，2020.

2. 林万里. 泰国本土汉语教师语音教学现状调查及对策［D］. 西安：西北大学，2019.

3. 李涵. 泰国巴莎拉学校初级汉语语音教学个案分析［D］. 昆明：云南大学，2015.

4. 胡玉敏. 泰国初级阶段高中生汉语语音教学策略——以加拉信比特亚山中学为例［D］. 苏州：苏州大学，2015.

印度尼西亚

● 案例一

你喜欢喝酒吗？

关键词：刻板印象；亚洲文化差异；地理环境差异
案例作者：耿月

一、案例场景

我在线上进行汉语教学，学生来自世界各地，年龄阶段不同，职业亦不同。针对他们的汉语水平和学习目标，我为每位学生提供不一样的私人定制课程，这就需要我的汉语课堂富有多样性与多变性。

二、案例描述

我有一个学生，对学习中文充满了热情。这一天，我像往常一样通过社交平台 Zoom 给这位来自印度尼西亚的学生上课。今天上课的主题是"酒"，我介绍了几个关于酒的新词——"红酒""白酒"和"啤酒"，并且讲述了"酒"在中国文化中的重要作用：一般用于交际、家人以及朋友聚会，几乎所有欢聚时刻都离不开"酒"，它是交际时增强气氛的重要调味剂。

我提前对这个学生的宗教信仰等信息进行了了解，所以我问："你喜欢喝酒吗？"

"我几乎不喝酒。"学生回答道。

"我们这里的人很少喝酒，一年四季的气候都很炎热，喝酒会更热的。"学生笑着补充道。

"原来是这样。"

之后，我给学生讲解中国的酒文化，以及中国人对酒的看法。

三、理论聚焦

文化刻板印象

文化刻板印象是一种定型观念,是对某一社会群体的固定性看法或类型化判断。它是中性的,一般来源于家庭和周围人的影响、大众传媒或个人的真实经历。在跨文化交往中,这种定型观念会无意识地影响我们的思维,使我们忽视群体的个体性差异,做出笼统的判断。比如"法国人浪漫、德国人严谨、犹太人聪明、日本人古板"等,这些都是刻板印象的表现。

四、案例分析

本案例中我理所应当地认为人们除了因宗教禁忌这一情况不能饮酒,一般都是会饮酒的。我带着这种文化定式去看待这件事情,并且在课堂上询问学生"你喜欢喝酒吗?"这一事件,折射出来的是印度尼西亚和中国在酒文化上的差异。

第一,地理位置。印度尼西亚位于赤道附近,属于热带雨林气候区,全年高温多雨,炎热的气候影响了人们的饮食习惯。所以相较而言,印度尼西亚人不太喜欢喝酒。

第二,宗教影响。当地人大部分信仰伊斯兰教,形成了不爱饮酒的社会氛围。

第三,通过观察两国购买酒的渠道可以发现,在中国,小到便利店,大到各种连锁超市、餐厅和咖啡厅,酒的品种是多种多样的。然而在印度尼西亚,便利店不卖酒,餐厅的菜单上只有几种啤酒可选择,想要买酒只能去大型超市而且需要出示身份证才能买到。

酒文化的不同只是众多文化差异中的一种,在进行跨文化交际时,我们应该思虑周全,不能带着固有的思维定式去看待其他国家的文化,应增强对异国文化的了解。

五、思考与实训

1. 结合案例描述和案例分析,谈一谈中国与印度尼西亚酒文化的区别。
2. 结合案例中的理论聚焦,谈谈刻板印象在跨文化交际中的表现有哪些。

六、延伸阅读

1. 陈雪飞. 跨文化交流论 [M]. 北京:时事出版社,2010.

2. 彭凯平，王伊兰. 跨文化沟通心理学［M］. 北京：北京师范大学出版社，2009.

3. 单敏. 交际者在跨文化语境中的文化移情［J］. 江西社会科学，2013（3）.

4. 胥琳佳，刘建华. 跨文化传播中的价值流变：文化折扣与文化增值［J］. 中国出版，2014（8）.

南美洲

秘 鲁

● 案例一

老师，我不想学这个

关键词：文化教学
案例作者：伊凤杰

一、案例场景

伊基托斯中文社区班每周有两节课，在每个月的最后一节课上，汉语教师会组织相关文化教学活动，其中包括学唱中文歌曲、观看中国电影或纪录片、手工制作、茶艺品茶、学做中国菜等。学生对每个月末的文化课都充满了期待，不仅会积极参与，还会发表感想。

二、案例描述

马上又到月末了，几位老师在商量本次的文化教学主题后，最终商定给学生播放具有中国特色的，能展示中华文化的电影或纪录片。王老师的班级里男生居多，对中国武打电影很感兴趣，于是王老师决定给学生播放李连杰主演的《狮王争霸》。这是一部王老师认为在中国很有名，影响较大的武打电影，影片中还展示了华丽的舞狮片段，体现了中国人的坚韧气节。

星期四晚上七点，学生陆陆续续地来到教室，看到播放设备已准备就绪，满怀期待，激动不已，影片开始播放，剧情渐渐进入高潮，但此时王老师发现班里有几位学生露出了疑惑的表情，甚至有学生在玩手机。王老师很不解，心想难道学生看不懂影片,还是他们不喜欢此类电影?一小时后,影片放完了,有一位男学生迫不及待地问:"老师,他们为什么有辫子?中国的男人是长头发吗?"另一位学生问:"老师,他们为什么打架啊?"此时王老师才意识到,学生并未真正了解影片内容,于是他解释道:"一百多年前,那个时代的中国男人是那样的发型,但是现在不是了。这部影片体现的是一百多年前的中国和中国人面临的困境。你们能看懂吗?"一位女学生回答道:"老师,我没看懂,我想看现代中国是什么样的。"这时另一位学生也附和说:"对,老师,现在中国是什么样子的啊?"

听了学生的问题,王老师才意识到在这几次的文化教学中,大家关注重点一直在中国的传统文化上,而这部影片虽然具有典型的、富有代表性的中国特色,但是学生不能通过其了解现代中国便利的高科技生活,而且每次都是几位中国老师商量决定电影题材,并未考虑到当地学生是否接受。

三、理论聚焦

第二语言文化教学的原则

第二语言教学中的文化教学以培养学生的跨文化交际能力为主要目标,以语言中文化因素、文化产品、文化习惯和文化观念为主要内容,以体验型学习为主要教学模式,而且文化教学是在语言教学中实施的,因此应体现以下原则:

1. 以学生为中心,以教师为主导;
2. 认知学习与体验学习相结合;
3. 文化教学与语言教学相结合;
4. 文化的隐性因素与显性因素相结合;
5. 课堂教学与课外文化实践相结合;
6. 文化教学内容与学生的语言水平相适应;
7. 教学过程中挑战与支持相结合。

四、案例分析

文化教学是汉语教师教学的重要内容之一。根据教学原则,文化学习的内容要考虑学生的需求、兴趣和知识背景,还要让学生参与学习过程,让学生成为文化学习的主体,由此激发学生学习文化的动机。如本案例中的教师在准备文化教学的主题时,更多以自身观点和兴趣为依据来设定教学内容,而且教学方式为观看电影,有些中小学生很喜欢这类活动,但成年学生是利用业余时间付费参与课程，有自己的学习动机，如果用一节课的时间观看电影，有些人会觉得浪费时间而感到不满，所以建议尽量避免占用大量的上课时间播放视频。另外在观看电影或纪录片这类活动中，学生不能作为课堂主体参与课堂，学习的体验性低，不利于文化教学的效果。建议多设计一些学生动手操作的活动。最后对于教学内容的选择，一些学生表示想了解现代中国的发展，而王老师播放的影片体现的是一百多年前的中国，对于当地学生而言，他们原本了解中国的渠道就较少，这类影片中的中国人形象容易使他们产生刻板印象。所以建议汉语教师在文化教学前询问学生意见，选择受众较广，更有意义的教学主题。

五、思考与实训

1. 思考讨论：如果你在国外教汉语，你会选择哪些文化教学主题呢？为什么？

2. 在上课期间，如果有学生表示对教学内容不感兴趣，你会如何处理？

3. 在文化教学中汉语教师应该扮演什么样的角色？请举例说明。

六、延伸阅读

1. 毕继万．跨文化交际与第二语言教学［M］．北京：北京语言大学出版社，2009．

2. 李晓琪．对外汉语文化教学研究［M］．北京：商务印书馆，2006．

3. Byram, M. Teaching and Assessing Intercultural Communicative Compete-nce［M］．Clevedom：Multilingual Matters，1997．

4. 祖晓梅．跨文化交际［M］．北京：外语教学与研究出版社，2015．

跨文化交际教学案例与分析

● 案例二

"紫禁城"的"禁"

关键词：权力距离；价值观差异
案例作者：伊凤杰

一、案例场景

我教授的学生处于汉语零基础阶段，汉语课的学习主题包括饮食、运动、旅游等各方面。应学生要求，在教学过程中的文化拓展部分，我会给学生展示某个主题下的中国特色文化。例如，学习饮食主题时，我会介绍几种中国美食；学习旅游主题时，我会介绍几处中国名胜等。

二、案例描述

今天的课程主题与旅游相关，课文展示的是两位主人公在北京旅游的经历，其中一位主人公去了故宫和长城，吃了北京烤鸭和其他中国美食。于是王老师在备课时，准备了相关图片和视频，向学生直观地展示北京的旅游景点和特色。当王老师展示故宫时，图片下的中西双语标注引起了学生的好奇心，一位学生问王老师，为什么叫"La Ciudad Prohibida？Prohibida 在西语中是禁止的意思。"另一位学生也问道："那是一座 Ciudad 吗？Ciudad 在西语中是城市的意思。"王老师在备课时并未设想其命名会引起学生的疑问，于是她向他们解释道："紫禁城是皇帝居住的地方，所以一般人不准进入，是平民百姓的禁地。而至于为什么叫'城'，是因为它面积非常大，房屋就有上千间，所以用皇城命名。我们接下来看一个视频，你们可以欣赏到紫禁城的壮丽，就明白为什么叫这个名字了。"

于是，学生聚精会神地观看视频，被故宫独具中华文化魅力的建筑风格所吸引，纷纷感叹其宫殿楼宇的壮丽辉煌和装饰的华丽富贵。看完视频后，学生赞叹不已，也理解了紫禁城命名的由来，有的学生表示对此类话题非常感兴趣，有的学生说有机会一定要去中国旅游。学生高涨的学习热情使这节课进行得非常顺利，时间飞逝，转眼就到了下课的时间，本节课的学习任务也圆满完成了。

三、理论聚焦

权力距离

权力距离是一种区别不同价值观模式的重要文化尺度，是指社会地位低的人对社会上权力不平等分布现状的接受程度。在权力距离大的文化中，人们认为权力不平等现象存在是社会的基本事实，地位高的人认为他们与地位低的人之间是有差别的，并刻意强化这种差别。而地位低的人也认可这种差别，并接受自己在社会中处于较低位置的现实。

四、案例分析

吉尔特·霍夫斯泰德将"权力距离"定义为一个国家的组织和机构中，权力较小的人期望和接受权力分布不平等的程度。换而言之，权力距离是民族文化的一个维度，是不同国家的人们对如何对待人与人之间不平等这一基本问题的一系列不同回应。权力距离有高有低，高权力距离文化中人们认为社会等级结构的存在很自然，权力关系在日常生活、工作和交际中起着重要的作用，人们根据不同的权力关系来调整自己的言行。所以高权力距离背景下的场所里，上下有别的等级观念非常重，上级与下级之间存在着明确的界限。

中国古代属于典型的权力距离大的文化，人们认为权力不平等现象的存在是基本事实，地位高的人与地位低的人之间有明显差别，并刻意强化这种差别。因此紫禁城的建立与存在是正常的历史现象，中国人也较容易接受这种地位区分。所以受文化环境影响，人们对于紫禁城的命名能够一眼理解，一般不会有疑问。而在低权力距离社会中更倾向于建立平等一致的社会关系，在这种社会关系中平等和独立是两个非常重要的理念。在平等理念下人与人之间的相处受地位身份的影响较小，不同社会地位的人之间均可以和谐相处。

对于汉语教师来说，我们的职责是在与其他文化的交流中弘扬自己的文化，使自己的文化与当地的文化进行双向互动式的交流。汉语教师虽然要入乡随俗，但入乡随俗的度需要把握，还要强调独立自主的原则，展现出最真实的中国文化。因此在以后的工作生活中，若遇到有人提到紫禁城或类似有文化内涵的名称问题时，可直接向其解释，使他们理解该建筑的历史用途和重要性，也明白其中命名的缘由。由此可看出，跨文化交际体现在方方面面，汉语教师备课时需要考虑周全，应尤其考虑到外国学生是否会对教学内容有疑问，是否能接受。当真正遇到学生有疑问时，教师也要求真务实，做出合理回答。

五、思考与实训

1. 思考不同文化中对权力距离的看法,对跨文化交际的影响体现在哪些方面?请举例回答。

2. 当你给学生展示长城时,学生问你为什么要建造长城,你该如何回答?

3. 当学生要你推荐一些中国的旅游景点时,你会推荐哪些呢?为什么?

六、延伸阅读

1. 爱德华·霍尔. 超越文化 [M]. 何道宽,译. 北京:北京大学出版社,2010.

2. 祖晓梅. 跨文化交际 [M]. 北京:外语教学与研究出版社,2015.

3. Hofstede, G. & Hofstede, G. J. Cultures and Organizations: Software of the Mind 2nd ed. [M]. New York: McGraw-Hill, 2010.

● 案例三

屈原之死

关键词：集体主义；个体主义
案例作者：伊凤杰

一、案例场景

应学校和学生要求，汉语课每个月末会举行文化教学活动。汉语教师会根据时间选择合适的教学主题，如中国美食、剪纸、太极，以及按照月份介绍中国传统节日等。

二、案例描述

正值五月末，几位汉语教师将端午节作为本次文化教学的活动主题。考虑到教学对象是对中国文化了解甚少的秘鲁小学生，为增加趣味性和直观性，教师决定将教学材料定为：关于屈原的动画片、粽子、赛龙舟视频、纸龙舟制作材料和PPT图片。另外，秘鲁当地学生活泼好动，喜欢具有实践性的课堂活动，所以将教学活动定为：视频导入、PPT展示、知识点教学、粽子展示、纸龙舟制作和折纸龙舟。从教学材料到教学活动设置，教师希望通过多样的教具和丰富的数字资源吸引学生兴趣，引导学生积极参与，确保教学效果良好。

王老师准备了关于屈原的动画片作为课程导入，又去当地超市买了粽子，准备向学生介绍实物。因为当地正好有一种类似粽子的食物，叫作"Juane"，用两种实物对比可以更直观地吸引学生注意力。另外，该城市在亚马孙河旁，木船是当地民众常见的出行方式，所以王老师也准备了赛龙舟的视频，结合小学生活泼好动的天性，最后还准备了制作彩色纸龙舟的小活动。

正式上课时，学生对关于屈原的动画片非常感兴趣，他们聚精会神地看着，当看到屈原投江的画面时，有学生发出了唏嘘声，一个学生还向王老师投来了疑惑的目光。看完视频后，一位学生用西班牙语问："他为什么要自杀？"

其他学生说："我不理解他为什么这么做。"

"他不会游泳，还跳到了河里。"

"我觉得他没必要自杀，老师你觉得呢？"

"老师，你们中国人都会这样做吗？"

……

学生纷纷发表了自己的看法，尽管有个别学生说："他是为了理想，他很伟大，这是个悲伤的故事。"但大多数学生表示质疑屈原投江的做法。

学生五花八门的提问，让王老师意识到与他们之间的文化差异。在中国传统文化中，以身明志、以死殉国是一种高尚气节，是值得纪念和缅怀的。而在西方文化里，个体是独立自由的，且基督教禁止自杀行为。老师明白他们的疑问，但为了让课程顺利进行，只能想办法转移学生的关注点。

王老师想到了当地的圣胡安节（San Juan）和美食 Juane 的来源。于是王老师问学生："你们知道你们为什么要过圣胡安节吗？"同学们说："是为了纪念 Juan"，"Juane 象征他的脑袋。"王老师马上说："我要给你们介绍端午节时中国人要吃的美食，叫作粽子，它也是为了纪念一个人，就是刚刚动画片里的人物——屈原。"

尽管学生对屈原投江的行为看法不一，但他们看到粽子的一瞬间，就联想到了当地食物 Juane，并说这一定很美味。王老师将粽子和 Juane 放在一起时，学生纷纷指出了它们的相似之处。当观看赛龙舟视频时，学生聚精会神，激动地为胜利者鼓掌。最后一个课堂活动是制作纸龙舟，他们兴致盎然，涂色、裁剪、粘贴，每个人都很享受，沉浸其中。通过这堂课，学生又了解到一个中国传统节日，对中文的学习热情也逐渐高涨。

三、理论聚焦

个体主义与集体主义

霍夫斯泰德将文化划分为五个维度：个体主义与集体主义、不确定性规避、权力距离、阳刚气质与阴柔气质、长期导向与短期导向。个体主义文化与集体主义文化以完全不同的价值观为导向，个体主义文化强调个人权利与隐私，集体主义文化则强调群体利益与和谐。中国是典型的集体主义文化模式，传统的农业社会和儒家思想都促进了中国集体价值观的形成。儒家思想提倡的做人准则是"忠恕之道"与"和为贵"。古代政治家的最高境界是"先天下之忧而忧，后天下之乐而乐"。中国特色社会主义同样强调团结互助，把集体利益放在首位。

四、案例分析

中国人认为为集体牺牲小我的精神值得推崇,在儒家文化中,有"杀身成仁、舍生取义""人固有一死,或重于泰山,或轻于鸿毛"之说。屈原忠君爱国,投江也是为了殉国,因而受到人们的尊敬,这是集体主义文化模式和价值观的集中体现。本案例中,秘鲁学生无法理解屈原的做法,这是由于文化价值观不同。在个体主义文化中,每个生命都是自由而珍贵的,所以当地学生无法理解屈原以身殉国、以死明志的做法。

西方自由主义的一个显著特征就是"个体主义",西方文明强调社会是由单个的生命个体组成的,每个生命都不能被社会忽视,都应得到他人和社会的尊重。人们在追求个人利益时,都应尊重他人利益实体的存在,不能因为个人利益而忽视甚至侵害他人利益。另外,当地大多数人信奉基督教,在基督教文化中,生命是神定的,人们没有权利决定生命的结束,自杀是被严厉禁止的。所以可以理解当地学生对屈原做法的不解。

王老师根据学生的课堂反应,意识到并且反思了两种文化的差异,也及时做出了恰当的反应,取得了不错的教学效果,并且在课后反思中意识到今后的教学活动应该注重培养学生的多元文化意识,尊重其他文化的价值取向,这是十分值得称赞的。

另外,文化教学是第二语言教学中的重要组成部分,与语言教学密不可分。而文化内容丰富而复杂,中国教师在海外教学时要认真选择符合学生水平,适合当地环境的内容。同时可通过文化比较来加深学生对不同语言和文化特征的理解,增强学生的跨文化意识和其文化敏感度,提高学生对不同文化行为和观念的宽容度。

五、思考与实训

1. 个体主义文化与集体主义文化最主要的区别是什么?
2. 你认为中国文化模式有哪些主要的特点?
3. 思考一下,当你给学生讲武松打虎的故事时,有同学提出了问题,你该如何应对?

六、延伸阅读

1. 胡文仲. 跨文化交际学概论[M]. 北京:外语教学与研究出版社,2012.

2. 余卫国. 自然、人文和科学的统———论中国文化模式的内在结构和精神特质 [J]. 学术探索，2004（9）.

3. 王思义. 中国传统文化的价值取向及其影响 [J]. 沈阳师范大学学报（社会科学版），1993（1）.

● 案例四

我的大家庭

关键词：家庭观念；社会现状
案例作者：伊凤杰

一、案例场景

为纠正学生发音，提高学生开口积极性，张老师经常根据教学主题给学生布置任务，比如写几句话表达自己的想法或现状。同时这也有助于张老师检查学生掌握所学词汇和基本句型的情况。

二、案例描述

按照教学安排，第一周教学主题为家庭，前两节综合课时，张老师带学生学习了家庭称谓的中文表达，还学习了介绍家庭的几个简单句型，例如，我家有四口人，我有一个哥哥，我没有妹妹等。张老师布置的课后作业是要求学生写一写，介绍自己的家庭成员，在下节课的课堂上进行展示。

转眼到了第二周星期四，张老师检查学生作业时，发现马乐写了以下句子："我家有九口人，我有三个哥哥，我有二个妹妹和一个弟弟。"张老师觉得马乐平时上课就不注意听讲，作业肯定没认真写。他首先指出学生的第一个错误"二"，其次觉得马乐搞错了人数，便悄悄询问马乐："你家有九个人是真的吗？"马乐回答："是的，我爸爸和我妈妈有三个孩子，和另一个妈妈有一个孩子，我叔叔家有一个哥哥，一个弟弟。"张老师突然想起来，当地离异家庭较多，而每家孩子也很多，一个大家庭通常住在一栋房子里，马乐可能是把所有人都算进去了。此时，张老师感到有些尴尬和羞愧，于是他向马乐道歉，并认真批改了他的作业，也给予了马乐一定的鼓励。

三、理论聚焦

家庭观念

从家庭的角度看，中国和秘鲁虽相隔了大半个地球，却有不少的共通之处，比如历史上一直有着大家长、大家族制的传统，另一个很显著的共同点是对家庭的重视。只不过中国主要继承以儒家思想为中心的文化传统，而秘鲁则更多地继承了西班牙殖民时期遗留下的宗教理念。秘鲁将重心更多地放在家庭成员之间的相亲相爱上，因此大家庭住在一起是再正常不过的事情。但随着现代化发展与妇女独立性增强，秘鲁家庭的结构和功能也随之发生变化。

四、案例分析

中国人在日常生活中，十分喜欢谈论家庭，因此"你家有几口人？"成了汉语教材中必不可少的一课，但在不同文化的国家，对于家庭的定义常常引发不同的思考。

中国与拉丁美洲国家的文化都很重视家庭，但由于文化背景和现代化发展差异，家庭模式也不一样。如今中国更强调小家的独立，而拉丁美洲国家由于家庭关系复杂，家庭形式呈现多样性。在中国，家庭一般是建立在婚姻、血缘或收养关系基础上的，因此中国家庭以核心结构和主干结构为主，大部分家庭是三口之家或四口之家，会避免过多复杂的家庭结构。而在一些国家的文化里，家庭不一定需要婚姻关系或亲人关系来维系，有时由于婚姻观念的开放，人们往往有多段婚姻关系，导致家庭关系相对复杂。在秘鲁，未婚生育和离异家庭组合是一种正常的现象，这不会影响家庭成员之间的关系。所以秘鲁学生将住在一起的亲人都视为自己的家庭成员。面对这种情况，中国老师认为这涉及学生的隐私，怕引起尴尬，所以会设法回避该话题。

一个国家的语言往往与这个国家的文化息息相关，具有中国特色的话题"你家有几口人？"换个文化环境或许就会水土不服。家庭是中文教学必不可少的初级话题，针对此类文化教学，我有如下建议：

第一，老师在教学前，应先充分了解当地的文化，尤其是文化差异，提前设想可能会遇到的问题，比如本案例提到的家庭观念与家庭结构。

第二，课堂上教师要尽量避免质疑学生，应针对学生的作答提供指导性建议，确定好教学的目标。

第三，作为汉语教师，要对文化差异保持敏感，尊重当地文化，同时培养汉语学习者对不同文化的接受能力，保证教学顺利开展。

五、思考与实训

1. 当外国学生询问中国"计划生育"政策时，你该如何回答呢？
2. 你认为哪些方面属于学生隐私？在教学中，如何避免涉及学生隐私？

六、延伸阅读

1. 杨发青. 中西家庭观念的文化差异与跨文化交际［J］. 时代文学（双月上半月），2008（5）.

2. 焦蜜蜜. 从文化维度理论看中西家庭观的差异——李安电影作品"家庭三部曲"个案研究［D］. 合肥：合肥工业大学，2012.

3. 张恒君. 汉语国际教育案例与点评［M］. 北京：华语教学出版社，2016.

● 案例五

同一节课的"小朋友与成年人"

关键词：学习风格
案例作者：伊凤杰

一、案例场景

秘鲁民众学习汉语的热情高涨，汉语班的教学对象年龄跨度很大，从儿童到老年人都有，但由于汉语教师人数有限，负责人将不同年龄段的学生安排在了一个班，这对教师的课堂教学及课堂把控能力是较大的考验。

二、案例描述

我负责社区班的初级中文教学，班里一共13个人，学生年龄跨度较大。他们学习汉语的动机各不相同，有的是为了更加了解中国，想去中国游玩或上学；有的是为了生意往来；有的则是出于对异国文化的好奇；有的是因父母要求。由于学习者的年龄跨度大，学习动机和学习能力差异也较大。对于教师的备课能力和课堂把控能力有很高的要求。首先，成年人和未成年人使用的课本版本不同，虽教学主题相似，但教学内容深度差异大。其次，成年学生的反应能力和理解能力较好，经常举一反三，就某一类问题对老师进行多次提问。未成年学生则期待丰富多样的教学方式，时刻准备着进行手工类小活动。

第一节课开始前，我就准备了两套有针对性的教学方案，虽进行了较为充分的准备，但课上仍然出现了无法及时应对的问题。当教学内容讲解完，进行实操练习时，我让两位未成年学生将一幅打招呼的图片写上对应中文并进行涂色。此时一个成年学生便提问："老师，请问中国人打招呼都是握手吗？你们会亲吻礼吗？你平时和其他老师怎么打招呼呢？我们和中国朋友怎么打招呼呢？我们去中国用亲吻礼可以吗？"我还未做出解答，突然听到两位未成年学生在吵架，我赶紧去询问安抚，原来他们争吵是因为一支彩笔。于是我准备简单快速地回答完那位成年学生的问题就继续下一环节，但此时未成年学生又喊道："老师，我涂完了。老师我先涂完了，艾米还没完成。"于是我又分出精力回应他俩。如此反复，我也察觉一些成年学生有些不耐烦，感觉自己的上课时间被耽误了，也影响了学习效果。下课后，负责老师询问学生对本堂课的感受时，有个别学生表示课上浪费了太多时间，听到这个反馈我也很无奈。

三、理论聚焦

内在动机与外在动机

内在动机是指学习完全是出于内在的需求或欲望，而具有外在学习动机的人是为了追求外在的奖励或逃避惩罚而学习。

学习风格

拉丁美洲国家的学生具有依存型、整体型、冲动型、外向型、动感型的学习风格，所以教育强调"在做中学"的体验型学习方式以及"全身反应教学法"。特别是在中小学课堂上要综合使用听觉、视觉和动感的语言输入和输出方式，增强学生的学习兴趣，促进语言的加工和内化，使第二语言教学取得更好的效果。

四、案例分析

本案例中，成年学生学习汉语多出于内在动机，是为了提升自己对中国的了解，或为了自己的工作或学业而学习中文。有了一定的内在学习动机，便会约束要求自己，为达到学习效果而努力，对课堂教学效率和成果就有一定要求。而未成年学生学习中文是出于外在动机，主要是在家长鼓励和奖励下学习，因此自身缺乏学习动力，需要慢慢建立学习兴趣，同时由于自制力较差，未成年学生学习时更需要老师关注与引导，另外他们具有动感型学习风格，对课堂教学方式有所要求，期待多样的活动方式与动手操作。成年学生与未成年学生具有不同的学习动机和学习风格，使课堂教学实施有所难度，同时不可避免地会影响教学效果。

近年来，随着国际汉语教育事业的全面发展，各国的汉语学习者都呈现出低龄化趋势。作为一名汉语教师，第一，应不断充实自己，提升专业能力，迅速适应不同的教学环境，根据不同的教学对象，设计不同的教学目标和教学大纲，形成合理有效的教学风格。

第二，由于各国环境和工作地点不同，汉语教师会面临不同的困境和挑战。在"全世界都在学中国语"的大趋势下，一些地区因师资有限，经常会出现将不同年龄段或不同水平的学生分到一个班开展教学的情况。教师应本着对学生负责的态度，考量自身情况，与当地负责人协调解决好问题，建议该老师向负责人提出分班申请,根据学生汉语水平与年龄段划分课堂,以保证课堂效率。

五、思考与实训

1. 你认为,在学习风格和策略方面存在着哪些跨文化差异?

2. 如果你遇到不同年龄段的学生在同一个班里的情况,你会如何设计教学?

3. 如果因条件有限,你班里的学生汉语水平不同,你该如何解决问题?

六、延伸阅读

1. Brown, H. D. Principles of Language Learning and Teaching [M]. New York: Pearson Longman, 2006.

2. Oxford, R. L. & Anderson, N. J. A Cross-Cultural View of Learning Styles [J]. Language Teaching, 1995 (2).

3. 祖晓梅. 跨文化交际 [M]. 北京:外语教学与研究出版社,2015.

案例六

老师，我们是朋友啊！

关键词：师生关系
案例作者：伊凤杰

一、案例场景

中学三年级的学生很喜欢他们的汉语老师王老师，因为他很温柔，平易近人，会耐心回答学生的问题，周末也会在网络上与学生沟通，分享资料。所以他们都把王老师看作自己的朋友。

二、案例描述

王老师刚上课时便告诉了学生自己的社交软件账号和联系方式，当天学生就纷纷加他为好友，并热情地用刚学到的中文和他打招呼，王老师也开心地一一回复。但最近王老师有些应付不过来了，因为有些学生经常半夜和他聊天，而且多是一些和学习无关的事。一开始王老师会耐心回复，慢慢地，聊天时间越来越晚，已经影响到了王老师的正常作息。

这天王老师因第二天有早课，便早早睡了，于是忘了回复某位学生的消息。上课的时候，那位学生便跑到王老师身边询问："老师，昨晚你怎么没有回我消息呢？"一听到这位学生的话，其他学生便凑过来，甚至有一位学生把胳膊搭在王老师肩上，叽叽喳喳地讨论其他话题。上课铃响了，王老师让大家赶紧回到座位坐好，但学生还是不以为然，甚至有一位学生凑到王老师身旁说："老师，我们多休息一会吧！"其他学生也纷纷应和，王老师只好笑着要求学生赶紧进入上课状态，他一个个催促他们回到座位上，但他们回到座位上还在打打闹闹。已经上课五分钟了，学生也没把他的催促当回事，王老师便有些气愤地大声说了一句"安静"，这时学生意识到王老师生气了，相互督促着安静下来。一节课很快过去，下课铃刚响，几位学生又凑过来，笑着说："老师你生气了吗？老师你不要生气啊，你是一位好老师，我们是好朋友啊。"听了学生的话，看到他们的笑脸，王老师又怎么能生气呢？但他也意识到了有一些问题需要调整一下了。

三、理论聚焦

师生关系

师生关系是教育环境中的一种重要的人际关系。有的文化中师生之间存在等级关系，强调学生对教师的尊敬；有的文化中师生关系平等，强调师生之间互相尊重。有的文化里师生之间是一种职业的关系，礼貌而疏远；有的文化中师生关系比较亲近，可以发展成类似家人、朋友的关系。

四、案例分析

本案例中提到秘鲁学生课堂纪律不佳，学生的学习态度散漫，像与朋友相处一样与老师交流沟通，而且课堂上会出现学生跟老师争辩的场景，这就是中国和秘鲁在权力距离文化维度的不同表现造成的。王老师受中国传统教育背景下的师生观念影响，认为学生应当尊重老师，与老师保持适当距离。所以当学生对其要求不以为然时，老师感到自身权威受到挑战，下意识想要树立威严。而在拉丁美洲国家，强调的是一种平等友好的师生关系，即师生在课下如朋友般交流，但课上老师也会适当保持严肃，树立教师威严以便保持课堂纪律。

课堂管理是每位老师的必修课，在此我有一些心得和建议：第一，汉语教师多参观当地老师的课堂，学习当地老师的课堂管理技巧。第二，课程开始之初老师为维持课堂秩序，保证课堂效率，可在第一节课就明确规定课堂纪律，建立合理的课堂规范与奖惩措施，这也利于课程顺利进行。第三，汉语教师在海外跨文化教学过程中处理权力距离差异问题时，应具备文化共情能力。首先应树立理解尊重他族文化，摒弃我族中心主义的观念，切勿形成刻板印象或偏见，要有意识地从跨文化的角度而非个人好恶来理解跨文化交际中的困惑和不适，并运用跨文化知识解决问题。

五、思考与实训

1. 不同的文化尺度在教育环境中是如何体现的？
2. 中西方课堂行为的差异与哪些文化观念有关？
3. 在汉语作为第二语言教学中，学习者对教师角色和素质的期待具有什么特点？

六、延伸阅读

1. Hofstede，G. Cultural Differences in Teaching and Learning［J］. Interna－tional Journal of Intercultural Relations，1986（1）.

2. Brown，H. D. Principles of Language Learning and Teaching［M］. New York：Pearson Longman，2006.

3. 祖晓梅. 跨文化交际［M］. 北京：外语教学与研究出版社，2015.

案例七

语音教学

关键词：语音教学
案例作者：伊凤杰

一、案例场景

不少秘鲁学生是第一次接触中文，学习口语时总会受到母语影响，导致发音不准确。为此，张老师查阅资料，寻找简单有效的教学技巧来帮助学生正确发音。

二、案例描述

语音教学贯穿汉语初级教学的方方面面，张老师在秘鲁担任汉语教师志愿者时，发现当地人受母语西班牙语的影响，个别拼音字母发音困难。例如，张老师在社区班作自我介绍时，学生对他名字里的"尊"的发音总是发得不准确，发出类似"cun""dun""song"的声音。因还未正式学习拼音，张老师并未揪着学生的发音不放，笑着说："等我们学习了语音后再认真练习，一定要把老师的名字说正确。"本节课是学习元音，学生对于"e""ü"充满好奇和疑惑，因为他们的母语西班牙语中只有5个元音，第一次尝试"ü"并不顺利，于是张老师便讲解演示，首先发出"i"，之后舌头保持不动，嘴向前撮。随后用手势模拟口型舌位变化，学生跟着做，果然轻松找到了窍门，实现正确发音。经过这节课，张老师更加注重语音教学，尤其是一些中西语音差异较大的字母，也会注意对比，帮助学生正确发音。

到了另一节课，在学习辅音"z、c、s"和"zh、ch、sh"时，张老师重点示范了发音位置，并将两组辅音进行对比。学生们单独发辅音时仍有困难，于是张老师将声母与韵母相结合，利用更加有区别性的组合帮助学生发音。例如"zi、ce、sa、zhe、chi、shi"，第一遍老师先领读，注重强调每个组合的不同，学生模仿。第二遍老师结合学过的知识，列举每个音可以组成的字词，用以强调发音准确的重要性。例如"四"和"十"，学生也感受到了汉语语音的魅力，通过练习，学生们有了明显进步，也真切体会到了平舌音和翘舌音之间的差异，收获满满。

三、理论聚焦

语音教学

针对初级汉语学习者，语音教学的目标主要是汉语拼音的发音教学和训练，包括汉语拼音的拼读和拼写，可以分解为三个基本环节：汉语的语音要素教学和训练，汉语的音节教学和训练，汉语的语流教学和训练。在教学过程中，可用教具演示法、夸张法、手势模拟法、对比听辨法、以旧代新法、拖音法、声调组合法、固定法、模仿法等进行语音教学。

四、案例分析

语音教学的任务是让学习者掌握汉语语音的基本知识和汉语普通话正确、流利的发音，为口语交际打下良好基础。总的来说，汉语语音教学的难点表现在以下三个方面：

首先是声母，分为送气音和不送气音。许多语言中没有明显的送气音，因此不少学生对送气音的掌握比较难，常常把送气音发成不吐气音。

声母还有清音和浊音之分。英语中有 20 对清浊对立的辅音，因此，母语为英语的学生容易把 b、d、g、zh、ch、sh 等都发成浊音。英语的 r 和汉语的 r 也不同。舌尖后音以及舌面音也是声母中的难点。不少语言中没有类似 zh、ch、sh 及 j、q、x 的音，因此学生学起来比较困难。

其次是韵母，很多语言中没有 ü，因此这也是教学的难点。第三个难点就是汉语的声调，汉语声调是很多国家留学生的学习难点，主要存在的问题是：第二声上不去，第四声下不来，第三声不会拐弯。

在学习汉语的初级阶段，全面掌握汉语语音系统是十分必要的。打好语音学习的基础，可以节约许多以后用于纠正学生发音的时间。在语音教学时，老师要注意：第一，注重纠音，帮助学生打好基础；第二，针对不同语言圈的学生，可根据其学习困难采用不同的教学方法；第三，在注重给学生纠音的同时，也要能灵活采用多种教学方法进行语音教学，还要设计适合当地学生的独特教学手段。

五、思考与实训

1. 查阅资料，说一说汉语作为第二语言教学的语音教学应遵循哪些基本原则。

2. 思考讨论：在学习汉语的初级阶段，是否应该设置专门的语音教学环节？请说明理由。

3. 查阅相关资料，了解针对以西班牙语为母语的学生的汉语语音教学有哪些难点。

六、延伸阅读

1. 毛悦. 汉语作为第二语言教学：汉语要素教学［J］. 海外华文教育动态，2017（5）.

2. 毛世桢. 对外汉语语音教学［M］. 上海：华东师范大学出版社，2008.

3. 赵金铭. 语音研究与对外汉语教学［M］. 北京：北京语言文化大学出版社，1997.

● 案例八

初级汉字教学

关键词：汉字教学
案例作者：伊凤杰

一、案例场景

汉字是学生学习中文的一大难关，总有学生抱怨汉字难写，记不住，不认识等，产生了畏难心理，甚至想要放弃学习汉字。为此，张老师积极改进汉字教学方法，带领学生发现汉字的趣味性。

二、案例描述

张老师在塞萨尔·瓦列霍中学的汉语教学工作已经进行了三个月，学生们虽然是初次接触中文，但学习热情高涨，积极主动参与课堂活动，乐于开口，敢于表达。随着教学的深入，张老师开始强调汉字学习的重要性，课上会要求学生抄写重要的汉字，并加大了相关作业量。学生一开始对这种陌生的方块文字跃跃欲试，像画画一样模仿练习。但慢慢地，有些同学开始抱怨道："这太难了，我不懂这是怎么写的，不学文字行不行？"

张老师认识到了汉字对于当地学生的难度，于是课下他搜集了许多前辈的教学视频和汉字教学策略。由于当前学生们处于汉语学习初级阶段，张老师注重讲解一些基础文字，但之前只是一味地注重笔画和笔顺教学，对于学生来说有些枯燥，不利于记忆和辨认，所以在之后的教学中张老师打算适当讲解该字的造字方法和背后的文化内涵。于是这个周末张老师在备课时，着重将本课汉字的造字法和文化相结合。上课时，讲到汉字"水"，张老师展示了水在古文字中的形态演变，并告诉学生，一些汉字是象形文字，比如汉字"水"是从河流形态演变来的，如此形象生动的文字变化便于学生们快速记忆。讲到汉字"男"，张老师展示它是由两部分组成的，并讲到古人造字的原理，在田地里耕作是男人的职责，所以两部分组合构为"男"。听了老师的讲述，同学们领会到了汉字的魅力，一定程度上增强了学习汉字的自信心。

三、理论聚焦

汉字教学原则

汉字教学的基本原则,一是根据学生的学习需求进行教学,面对非汉字文化圈的学生,单独设置汉字课或在综合课中专门规定教授汉字的时间是很有必要的。教师要从笔画、笔顺入手,由易到难地进行汉字教学,而且采用的方法也应有所不同。二是按照汉字本身的特点进行教学,可采用形象示意法、理解依据法等帮助学生理解记忆汉字。三是汉字教学与词汇及句子教学结合。

四、案例分析

汉字本身的特殊性决定了汉字难学,汉字是一种表意文字,与表音文字不同,汉字选择了语言的意义作为构形的依据,由于语言中不同意义的语素很多,造成了汉字数量大、笔画多的特点。一些汉字是通过不同部件组合而成的,这些部件的数量、组合方式以及位置都有所不同,形近字的形体相近,读音和意义却大相径庭,这经常会造成外国学生对部分汉字认识混淆;而有些汉字形和音没有联系,需要单独记忆,这些都是汉字难学的主要原因。

汉字是外国学生学习汉语过程中比较头疼的一部分,他们对汉字的畏惧心理会影响他们学习汉语的积极性。尤其是在初级阶段,很多学生会畏惧认汉字、记汉字和写汉字,甚至提出只学口语会交流就行,只学拼音会拼读即可。正如本案例中的学生,一旦产生这种心理,便会懒散不愿抄写汉字,久而久之,会严重影响汉语学习进度。

对汉字教学,我有几点建议:第一,在最开始时,要让学生建立对汉字的兴趣,同时也要让学生明白汉字在汉语学习中的重要性,并尝试用不同方法帮助学生理解记忆汉字;第二,教师应做出规范的汉字笔画笔顺示范,对于形近字一定要着重对比,让学生加深印象;第三,可以利用多媒体辅助教学,让学生用多种有趣的方式练习写汉字,除此之外,教师还可以组织比赛,激励学生记忆更多的汉字。

五、思考与实训

1. 请举例说明汉字的构造原理对外国学生的汉字教学有何帮助。
2. 针对外国学生,请自行设计几个简单的汉字教学教案。

六、延伸阅读

1. 毛悦. 汉语作为第二语言教学：汉语要素教学［J］. 海外华文教育动态，2017（5）.

2. 张旺熹. 从汉字部件到汉字结构——谈对外汉字教学［J］. 世界汉语教学，1990（2）.

3. 胡文华. 汉字与对外汉字教学［J］. 上海：学林出版社，2008.

● 案例九

宗教信仰

关键词：宗教信仰
案例作者：伊凤杰

一、案例场景

秘鲁学生由于了解中国的渠道甚少，每当看到社交网络上的一些不实言论时，总会向老师提出疑问。

二、案例描述

今天第二节课是中文课，张老师提前五分钟到了小学六年级 A 班的教室门口，学生都热情地和她打招呼，因为这是他们第一次上中文课，第一次接触中国老师，对遥远陌生的中国文化充满好奇，所以课下碰到老师总是叽叽喳喳地提出各种疑问。一位学生问张老师："老师，你相信上帝吗？"张老师诚实地回答道："我没有宗教信仰。"一听到这个回答，学生更好奇了，便追问张老师："真的吗？你为什么不相信上帝呢？那你有什么信仰呢？"张老师想快点结束这个话题，便说："我没有接触过信仰宗教的人，所以我不太了解。"但这并没有满足学生们的好奇心，一位学生又说："我在视频里看到中国人信佛教，他们剃光了头发住在山上，他们还会功夫。老师你会功夫吗？"这个时候另一位学生接着说："可是我上周末见到中国餐馆的老板，他去教堂做礼拜了，老师你们在中国不能信上帝吗？"学生们围绕着张老师，期待张老师能满足他们的好奇心，这时候上课铃响了，张老师招呼学生们："我们上课了，有什么问题我们课下再说。"

一节课很快就过去了，到了下课时间，学生就跑到老师身边，期待解答，于是张老师说："我没有宗教信仰，是我的个人情况和选择。中国有的人有宗教信仰，有的人没有。"听了张老师的回答，学生们这才满意并期待和张老师的下一次交谈。而张老师通过这次交谈以及学生们平时的发言，发现这群孩子对中国了解甚少，一方面是文化距离远，另一方面是可接触了解的途径少。自己在日常教学中，应注重文化教学，让学生更加真实全面地了解中国。

三、理论聚焦

宗教信仰

宗教信仰是信仰中的一种，指信奉某种特定宗教的人群，对其所信仰的神圣对象由崇拜认同而产生的坚定不移的信念及全身心的皈依，它是为特定人群的生活提供情感、行动等的根基，是人的价值观中至关重要的构成部分。

四、案例分析

对很多国家而言，宗教生活是国民生活中非常重要的一部分。汉语教师在面对当地人的宗教信仰疑问时该如何应对呢？

若采取回避的做法，会引起外国人的误解，采取争论的方法有时又会导致冲突。因此建议各位老师如果在课堂上遇到此类问题，不要做过多解释或讲解，放在课下处理。用事实说话，以理服人，避免用武断、情绪化的语言，导致矛盾或冲突。要在原则问题上表明立场和态度，但是不强迫对方接受自己的说法。

信仰宗教在国外是普遍存在的现象，对此我们要采取尊重的态度。同时该国人民可能会认为有宗教信仰是正常现象，没有宗教信仰反倒是很奇怪的。所以当遇到这种情况，要客观引导学生尊重不同国家民族的文化与信仰，培养跨文化交际意识。

作为汉语教师，我们首先要提升自己的跨文化适应能力和跨文化沟通能力，特别是要了解当地宗教文化，知晓宗教禁忌，并做到尊重、理解和包容。其次要积极和不同文化背景的人交流，增进沟通，减少文化隔阂，保证工作和生活的顺利进行。在宗教氛围浓厚的文化环境中，要尊重当地人的宗教信仰，求同存异。最后面对他人的传教，要坚持自身想法和观点，不要虚与委蛇或抨击，应该根据不同的对象和场景做出相应的对策。

五、思考与实训

1. 思考一下，如果你在课堂上遇到学生提出比较敏感的问题，你该如何回答？

2. 思考一下，有外国学生邀请你周日去教堂做礼拜，你怎么回答？你会去吗？如果学生邀请你圣诞节去教堂一起庆祝，你又如何回应？

六、延伸阅读

1. 郑娜，杜瑞. 对外汉语教学中的跨文化交际案例分析［J］. 群文天地（下半月），2012（9）.

2. 廖华英. 跨文化交际案例分析［M］. 北京：北京理工大学出版社，2010.

3. 祖晓梅. 跨文化交际［M］. 北京：外语教学与研究出版社，2015.

北美洲

美 国

● 案例一

中国孝道文化

关键词：孝道文化；文化差异
案例作者：彭佳利

一、案例场景

张老师在美国一所大学的东亚系开设了一门中国历史专题课。为了帮助学生更好地理解和接受新的知识，张老师选择结合历史故事和民间传说来丰富课堂内容。选修这门课的学生虽然只有11个人，但来自美国、墨西哥、加拿大等不同的国家，所以上课讨论时，不同视角观点的碰撞也常常带来很多趣味。

二、案例描述

某个下午，课程进行到了北宋这一历史时期，张老师看到学生们略显困倦，于是给大家讲起了"岳母刺字"的故事。当张老师说到岳飞第二次参军准备去战场保家卫国时，学生还表现得非常振奋，可接下来当张老师说到出征前夕，岳飞的母亲姚太夫人拿出绣花针在儿子的背上刺字的桥段时，班上有几个学生却皱起了眉头。刚讲完姚太夫人用醋墨给刚刺的字上色时，就有一位美国学生迫不及待地发问了："老师，岳飞的母亲为什么要在自己孩子的身上刺字啊？"其他学生也纷纷响应："对呀！为什么要用针刺孩子啊？这个妈妈好狠心啊！""就是，刺这么四个大字很痛的吧。"……—时间，只有十几个人的教室沸腾了起来，大多数学生都不能理解岳飞母亲在儿子的背上刺字的行为。他们认为，作为母亲，这样做太狠心了，甚至有的学生认为岳飞母亲的这种行为是"虐待孩子"，更无法理解为什么这样的母亲会受到大家的尊敬。

三、理论聚焦

价值取向理论

"价值取向理论"是美国人类学家克拉克洪（Kluckhohn）和斯多特贝克（Strodtbeck）提出的，他们认为无论人们属于哪一种文化，都需要面对人类的五个基本问题：人性的本质（Human Nature），人与自然的关系（Man-Nature），时间取向（Time），行动取向（Activity）和关系取向（Relational Orientations）。人们对这五个问题的不同回答体现了不同的价值取向。

四、案例分析

本案例中，张老师给美国学生讲"岳母刺字"的故事，原本是希望给课堂增加一些趣味，让学生们打起精神来。从张老师的角度来看，"岳母刺字"的故事在中国人民中间流传广泛。但当讲故事的环境发生变化后，张老师并没有预料到外国学生会对这个故事产生诸多误解。

实际上，本案例中，美国以及其他国家的学生对"岳母刺字"行为表示不理解，是不同国家之间价值观的巨大差异造成的。在中国传统文化中，孝道文化是非常重要的一个部分，自古就有《孝经》《二十四孝》等推崇孝道的书籍和故事，中国传统观念中认为孩子的一切都是父母给的，哪怕是身体毛发都不能自行处理，不可有所损伤，只有父母才有处置的权利，小孩子从小就被教导"身体发肤，受之父母，不敢毁伤"。除此之外还有"父母命，不可违""百善孝为先"等众多训诫之语。因此在中国人的眼里，岳飞母亲的行为不但不是狠心，反而是教导孩子报效国家的典范，值得大家称赞。即便是新时代的中国青年认为这样的行为略有不妥，也不会对这个故事产生特别强烈的反应。在西方国家，人们认为人与人之间的关系是平等的，父母和儿女之间的关系也是如此。人们十分注重个体意识和个人隐私，父母不能将自己的意志强加在儿女身上，而儿女也以能独立自主、脱离父母生活为成人的标准，而涉及父母对孩子造成伤害的行为，严重的情况下还可能剥夺父母抚养孩子的权利，因而班上的学生会对"岳母刺字"一事表现出强烈的不认同。

汉语教师在课堂上面临此类由于思想观念不同而导致的分歧时，首先要及时停止传播这类思想，因为学生可能会有误解；其次，面对思想分歧，教师不需要争论，重要的是应及时让学生的注意力回归课堂教学，并且注意以后也尽量不要提起；再次，教师想通过小故事引起学生的兴趣无可厚非，但在备课时就应该提前筛选话题，设想其是否合适，学生可能会提出什么样的问题等，以避免出现此类问题。

五、思考与实训

1. 结合案例，请另外找出三个由于价值观差异而造成的跨文化交际冲突的例子。
2. 你如何看待年轻人"啃老"的行为？
3. 时代在飞速发展变化，你认为应该如何正确对待中国传统的孝道文化？

六、延伸阅读

1. 爱德华·霍尔. 超越文化［M］. 何道宽，译. 北京：北京大学出版社，2020.
2. 冯乃祥. 霍夫斯蒂德及其文化维度简介［J］. 国际商务（对外经济贸易大学学报），2008（A1）.
3. Samovar, L. A. & Porter, R. E. & McDaniel, E. R. Communication between Cultures［M］. Boston：Wadsworth，2010.

● 案例二

汉语教学也需要"因地制宜"

关键词：教学理念；组织课堂
案例作者：彭佳利

一、案例场景

丁老师曾经在韩国某高中教过一年的中文。在韩国教学时，丁老师喜欢在教授语言的同时，顺便拓展一下相关的文学或文化信息。因为当时使用的课件资料和以讲解为主的教学手段受到了很多学生的喜欢，所以今年来到美国高中担任初级汉语综合课堂的教师后，丁老师也如法炮制，想把自己积累的成功经验带到美国。但是很快他就发现，美国的学生并不吃他这一套，丁老师的课堂教学遇到了不小的挑战。

二、案例描述

在课堂上，丁老师总是早早地准备好上课要用的 PPT 课件和影像资料，今天也不例外。因为今天的教学内容"S+把+O_1+V+在+O_2"句型，是比较难掌握的语法内容，所以在讲解的时候，丁老师特意讲得比平时更细致一些。从带有被处置义的"O_1"到表示位置的"O_2"，丁老师都给学生们讲解得非常详细，还展示了该句型的许多例句，反复多次地强调，希望学生能尽可能在课堂上就能记好这个句型。但是学生们似乎对他的讲解并不感兴趣，上课不到 20 分钟，学生们就表现得十分不耐烦，明明是语法知识讲解，却几乎没有人在写笔记，甚至在他讲解知识点的时候，学生还忙着和周围的同学玩闹。一向调皮的 Lug 同学甚至公然在教室里走动起来，被丁老师制止回到座位后，依旧无法安静听课。一节课下来，丁老师觉得疲惫不堪，更重要的是学生并没有掌握这节课的教学内容。丁老师觉得非常苦恼，同样的教学方式，换一批学生，为什么教学效果就大不一样了呢？

三、理论聚焦

建构主义

瑞士著名儿童心理学家皮亚杰（J. Piaget）提出了"建构主义"的概念，该理论认为学习是一个积极主动的建构过程，强调学习者是认知的主体，会主动地根据已有的认知去建构事物的意义，而并不只是被动地接受知识。

四、案例分析

案例中丁老师遇到的问题也是我们汉语教师经常遇到的问题之一。语法讲解向来是语言课中的"老大难"，在应试教育的环境下，我们习惯了把语法讲烂讲透，认为只要讲得够多够细致，学生必然能够吸收。丁老师觉得自己的教学方式在韩国非常好用，想当然地认为换了一个地方也可以使用相同的教学方式，结果美国的学生根本不接受这种教学方法，教学就此遇到了难题。

同样的教学方式在不同的国家有不同的效果，关键原因就在于不同国家间的教学理念大有不同。受到人本主义心理学和建构主义理论的影响，英美国家习惯于把学生置于教育体系的中心，形成了以学生为中心的教育理念。人本主义强调充分发挥学生的潜能，重视学生的情感和个性发展，建构主义则强调学生是认知过程的主体，是知识意义的主动构建者而不是被动的灌输对象。这些国家的课堂上非常强调学生的参与，学生可以表述自己的观点，提出自己的问题，甚至和教师进行辩论，而教师也要鼓励学生踊跃发言，参与到课堂中来。与之相反，中国、韩国、日本等东亚国家的教育更多地体现了以教师为中心的倾向。"满堂灌"是东亚国家常见的教学方式，乖乖听讲、认真记笔记被视为好学生的表现，老师也应尽心尽力地输出内容。习惯了这种模式的丁老师认为学生只需要在讲台下静静地听，却忽视了与学生的互动，学生课堂参与度不高，所以在美国学生的眼里，丁老师的教学方式既古板又无聊，自然不愿意配合老师好好听课。

在本案例中，丁老师没有充分考虑到不同类型学生的需求和特点的差异，理所当然地将东方教学思维运用到美国学生身上，很有可能会出现不受学生欢迎的情况。对此我有以下几点建议：第一，转换教学方式，以学生为中心，课堂设计上更多地以讨论、辩论、案例分析等方式为主，提高学生的自主学习能力和课堂参与度；第二，合理的课堂游戏与课堂活动可以营造很好的课堂氛围，增强师生互动，维系师生关系，从而更好地实现教学目标；第三，教师应该从主讲人的角色转换到"引导者""启发者"和"设计者"的角色，这样才能推动教学的顺利进行。

五、思考与实训

1. 除了案例分析中提到的教学方式，你还能想出哪些方式来帮助丁老师顺利进行课堂教学？

2. 请找出一些运用建构主义进行课堂教学的实例，并与伙伴进行讨论。

3. 上课时，外国学生经常提问打断正常教学，你会怎么处理？

六、延伸阅读

1. 高文，徐斌艳，吴刚. 建构主义教育研究［M］. 北京：教育科学出版社，2008.

2. 刘珣. 对外汉语教育学引论［M］. 北京：北京语言大学出版社，2000.

● 案例三

"砍价"？"兄弟"？

关键词：社会风俗；人际关系
案例作者：彭佳利

一、案例场景

王老师在美国的大学教授中文已经有一年了。班上有 15 个学生，这些学生都有一定的中文基础，所以课程的进展相对顺利。这学期的课程多为听说课。为了提高学生的兴趣、鼓励学生多听多说，王老师常常会准备一些贴近中国现实生活的音频资料来给学生们做练习。由于美国和中国的风俗习惯有很多不一样的地方，因此在过程中学生常常提出诸多疑问。

二、案例描述

在星期五上午的听说课上，王老师照常准备了中文音频资料给学生们做听力练习，这次听力课题目是"在农贸市场"。课文中涉及的词汇都不是很难，学生们都能听个大概，但是课文中有关两个主角商讨价格的部分，涉及很多买卖双方讨价还价时使用的语言。如：

"老哥，能不能便宜点儿？"
"老弟，这已经是很便宜的价格了。"
"我常来你这儿买，便宜点儿我下回还来你这儿买。"

听到这些内容时，学生们纷纷露出了不解的表情，有几个学生开始交头接耳分享自己听到的内容。王老师见状便暂停了音频，加以询问。有学生提出疑问："老师，什么是砍价？为什么要砍价呢？"还有学生问："店主和顾客并不是亲属关系，为什么顾客叫店主老哥，而店主也称顾客为老弟呢？"王老师依照课本，向学生解释了"砍价"是买方要求在原有价格基础上降价的意思，学生仍然不是很理解"砍价"这种行为，并对文中"老哥""老弟"的称呼有些困惑。为什么美国学生难以理解"砍价"行为以及不熟的人之间以兄弟相称的现象？作为汉语教师，又应当如何帮助学生理解呢？

三、理论聚焦

亲属称谓的泛化

《现代汉语词典》(2002年增补版)中解释,"称谓"是人们由于亲属和别的方面的相互关系,以及身份、职业等而得来的名称,如父亲、师傅、厂长等。泛化则指的是词语的词义及其使用范围的扩大。亲属称谓语的泛化即人们对没有亲属关系的人以亲属称谓来进行称呼。

四、案例分析

首先,在理论上来说,如果学生无法理解"砍价"的意思,我们可以利用学生本国文化中的相似行为来进行类比分析。在西方,虽然贸易往来明码实价,人们并不习惯于你来我往的讲价行为,但是同样会有"促销(Sale)"和"打折(discount)"的情况,大多数是商家在保证自己的利润的情况下展开的销售手段,但有时顾客觉得商品存在瑕疵也会主动要求"打折",这类行为就与中国的"砍价"行为相似。只是在商品没有问题的情况下,中国人也会尝试要求"打折",而商家会视情况做出些许退让。其实在国际贸易中,我们也经常看到电邮中对于价格的商议,当对方的报价高于预期或高于市场平均水平时,人们会表示不愿意进行交易,而对方相应地会给出回应或做出调整,这其实也是"砍价"的一种表现形式。然后,从实际的层面,我们可以鼓励学生前往"唐人街"等地方,尝试与中国商户进行协商议价,实际体验"砍价"过程,从而更加深刻地理解该行为。

关于买卖双方以"亲谓"相称的现象则与不同文化环境中的人际关系差异有关系。人际关系受到文化的制约,在我国,家庭关系是一切社会关系的基础,其他的许多社会关系也常常带有家庭的特点,可以说是一种家庭化的社会关系,或者说是夸大了的家庭(胡文仲,1999)。这一特点从我们对人的称谓上就能看出来,比如朋友之间会称兄道弟,亲属称谓使用范围逐渐扩大,以致即使陌生人之间也会使用"大哥""大姐""老弟"等亲属称谓,来拉近人际距离。

那么这也正是汉语教师需要面对的巨大挑战,文化差异越大,学生就会越难理解我们所讲的中国文化,因此建议汉语教师:第一,应该意识到文化差异本就是一把双刃剑,学生不理解的问题,需要汉语教师做出正确的解释和引导;第二,教师在为学生解释时,可以多运用文化对比,让学生感受到"虽然是不同的文化,但老师能够知道并了解我们的文化",这样学生也愿意接受,并去深入了解中国的文化；第三，教师要随时关注课堂反馈，根据学生们的状态和接受程度，及时调整教学内容。

五、思考与实训

1. 讨论思考其他国家是否也存在称谓泛化的现象，请举出实例。

2. 有人认为可以"砍价"显得更有人情味儿，有人却认为明码实价更让人省心，对此你怎么看？

六、延伸阅读

1. 田惠刚. 中西人际称谓系统［M］. 北京：外语教学与研究出版社，1997.

2. 崔希亮. 现代汉语称谓系统与对外汉语教学［J］. 语言教学与研究，1996（2）.

3. 魏明慧. 关于现代汉语称谓语泛化现象的研究［J］. 文学教育，2012（11）.

案例四

学生频繁使用母语怎么办？

关键词：母语依赖；学习策略
案例作者：彭佳利

一、案例场景

王老师在美国一所大学教"初级汉语"，她班上的学生都已经成年，且都已经学了一学期汉语，有一定的汉语基础。但是班上学生有的来自墨西哥，有的来自韩国，还有的来自赞比亚、阿根廷、巴西、法国等，因此除了英语，学生们还说西班牙语、法语、意大利语、葡萄牙语等。语言相同的学生自然熟络得快一些，但这一现象为王老师课上的汉语教学带来了不少麻烦。

二、案例描述

一次星期五的汉语课堂上，王老师教学生"一周七天"的中文表达，让学生分组讨论一周中各自喜欢干的事情，并以"星期天你会做什么？""星期天，我在家看电视。"为例子，让学生们模仿操练。那些母语相同或来自同一文化背景的学生，便抓住机会集合到一起，形成了几个临时母语文化圈，小众语言的学生只好零零碎碎地加入人多的讨论组里去。一开始还正常，但很快大家便自然而然地改用各自的母语进行交谈，小众语言的使用者只好用英语参与或干脆在一旁默不作声。王老师想要达到的操练目的并没有达成，于是多次出声阻止大家使用母语。但几分钟以后，大家又进入母语交流状态，讨论得非常热烈，话题也逐渐偏离了汉语课堂操练的内容。王老师觉得这种临时母语文化圈对汉语课堂教学非常不利，但是她又找不到一种可行的方法来改变这种情况。

三、理论聚焦

交际策略

语言学习者为了顺利进行语言交际活动，会有意识地采取一定的计划措施或方法技巧即交际策略，交际策略也是语言使用者交际能力的一部分。常见的交际策略有回避、简化、语言转换、母语目的语化、母语直译（依赖母语）、语义代替、描述、造词、重复、使用交际套语、利用交际环境、等待、体势语、使用其他语言、求助对方等。

四、案例分析

本案例中学生在汉语课堂上抓住一切机会使用自己的母语来沟通，是语言学习过程中常见的一种情况。当目的语不足以支撑人际交流，或者交流有障碍的时候，学生会本能地使用母语来代替目的语表达，该案例中的学生就是明显的依赖母语的情况，而班上刚好有与自己使用同一种语言的学生，自然就有了使用母语的环境。

我们都知道，在语言课堂上，引导学生多说多练对学生交际能力的进步起着非常关键的作用。而分组时学生自动形成临时母语圈显然是不利于语言练习与进步的，因此老师在课堂上需要注意控制学生的母语使用。

针对学生使用母语的情况，我们也可以有很多应对措施。例如，我们可以有意识地将同一语种的学生分在不同的小组，减少学生对母语的依赖，当小组成员的共同语言只有目的语的时候，学生就会使用描述、代替、体势等交际策略来达到沟通的目的，这样才能有助于语言的训练和进步。另外，对教学区域分区处理也是一种很好的方式，教师和学生协商划定不同的区域，例如某个区域是用来游戏活动，而进入某个区域只能使用汉语等，让学生进入某区域就受到相应的约束，并形成习惯，长此以往，只要进入指定区域，学生就能相互监督使用目的语交流，也可以为授课老师省下不少工作。当然，适当的奖惩机制也有利于学生积极遵守规定，在汉语区使用非汉语的同学就要接受一定的小惩罚，比如要给大家表演一首中文歌之类，而一直遵守约定的同学也可以获得相应的奖励。此外，同伴之间的相互监督也是非常有效的方式，与其老师一个人苦口婆心地劝告，不如引导学生自己督促自己。

五、思考与实训

1. 有学者认为适当地使用交际策略有助于学习者的语言学习，请思考，在汉语课堂上，教师可以对哪些交际策略加以利用，以达到帮助学生学习的作用。

2. 第二语言学习者在学习过程中难免受到母语的迁移作用，请找出两个实际例子并加以分析。

六、延伸阅读

1. 王建勤. 汉语作为第二语言的习得研究 [M]. 北京：北京语言文化大学出版社，1997.

2. 唐毅. 文化背景和汉语水平对外国留学生汉语口语交际策略使用的影响 [J]. 现代外语，2016（2）.

● 案例五

"铁饭碗"

关键词：文化词语；指示意义；隐含意义
案例作者：耿月

一、案例场景

在我进行线上汉语教学的时候，时常会和学生聊到中国文化和西方文化的区别，他们总是特别感兴趣，非常乐意了解这种文化差异。

在大多数情况下，学生们对于中西方的文化差异都能表示理解，但同时也会对一些现象存在一定的误解。比如在课堂上学习到有关"职业"这一话题时，许多学生认为中国职场的普遍现象是"996"工作制，很显然，这是对中国工作制度以偏概全了，需要教师的正确解释和合理引导。

二、案例描述

我所教学的班上有一位叫 Myles 的同学，在美国时，他能够非常好地平衡好工作和生活，工作日上班，周末便和家人待在一起，平时还能合理利用时间上中文课。他在网上了解到了一些关于中国工作制度的消息便提问说："我听说你们的工作都是'996'，是真的吗？"对于这个问题，我并不感到意外。但为了避免误解，我赶紧给 Myles 解释这个现象："由于中国的发展十分快速，这工作节奏确实在中国存在，但也只是一部分公司在实行。"这时他更加困惑地问："为什么说工作要提到'碗'？工作和碗有什么关系？"我又解释了"铁饭碗"在中文里除了显性含义和吃饭有关，在汉语中还有隐性含义，特指稳定的工作。

三、理论聚焦

文化词语

文化词语是指特定文化范畴的词汇，它是民族文化在语言词汇中直接或间接的反映。文化词语通常具有丰富的文化内涵,从字面上很难直接理解或者准确理解其含义。它的文化意义是附加的,这里的附加有两层含义:一是通过修辞效应形成的比较固定的文化意义,如"小白脸";二是通过感情渗透形成的具有暂时性情境意义的文化含义,如"慢走"。

四、案例分析

本案例中"铁饭碗"一词让学生产生了疑惑,这反映了文化词语有其特定文化背景的独特性,因此很难和另一种语言中的词语一一对应,从而造成词语理解上的困难。

本案例中的学生不明白"铁饭碗"的隐含意义,在谈论中国工作的时候就很难会联想到稳定工作这个意义层面。而在中国,类似词语还有很多,文化词语往往具有较长的历史,其来源也比较复杂,很多文化词语的隐含意义在中国非常常用。作为汉语教师,要尽可能让学生多掌握一些特定文化词语,特别是很多隐含意义和字面意思相差甚远的词语,更需要重点讲解。在教学时我们可以这样做:第一,提供详细的语境和背景知识,包括历史、文学等方面的信息。鼓励学生阅读相关的文化素材,如故事、诗词、小说等,以增加对文化词语的理解和运用能力。第二,解释词语的字面意义和隐含意义之间的差异,并给予具体示例。第三,引导学生思考和讨论文化词语应用的场景。例如,"走后门"其附加意义为以不正当的手段来谋求达到某种个人目的,含有贬义。因此使用时还应考虑该词的色彩义。在讲解时我们可以活用教室场景,用身边的事例来更加生动地对词汇进行描述,揭示其隐含意义。

五、思考与实训

1. 谈一谈本案例中外国学生为什么产生这样的疑问。
2. 结合本案例,分析文化词语"铁饭碗"的含义有哪些。
3. 在汉语教学中,你认为是否应该重视文化词语的教学?

六、延伸阅读

1. 韩红. 全球化语境下外语教学中的跨文化意识 [J]. 外语学刊,2002(1).
2. 李智. 当代大学生跨文化交际能力的建构与培养 [J]. 江苏高教,2014(5).

3. 王松，刘长远. 外语学习者的跨文化意识培养［J］. 外语学刊，2016（5）.

4. 徐平. 二语习得与跨文化交际意识的融合［J］. 东北师大学报（哲学社会科学版），2013（4）.

墨西哥

● 案例一

不要占用我的周末时光

关键词：教学管理；非语言交际；师生关系；时间观念
案例作者：柴力

一、案例场景

我在天津大学国际教育学院预科系教留学生，教学对象主要为年龄在十八岁左右的高中毕业生，这些学生的汉语水平大多数为零基础。从2020年开始，学校将课程改为线上授课。本班学生为CCN项目的预科留学生，全班共15人。班里学生均来自墨西哥，墨西哥与中国的时差为14个小时。因此，为了顾及本国老师和墨西哥国家的时差，学校大大缩短了每日的授课时间，由以前周一至周五的全天线下授课，改为周一至周五的半天线上授课。授课时间减少，但授课内容不变，这给学生和老师都带来了巨大的挑战。

二、案例描述

开学后的某一周，由于私人原因，星期三我不能按时给学生们上课。按照以往情况，我可以选择和本班其他任课教师调课，也可以选择让其他班的老师替我代课。本着负责任的态度，我觉得让其他班老师代课会给学生带来陌生感和距离感，而且别班的老师也不了解我们班的学生情况。因此，我更希望亲自授课。于是我选择了和本班其他任课教师调课。但不巧的是，其他老师的课程时间也很紧张，没有多余时间和我调课。思来想去，为了不耽误之后的考试和教学进度，我决定牺牲周末的休息时间给学生加课。这本是我的好心之举，没想到却遭到学生们的反对。

在我通知学生本周六加一次课的消息后，很多学生私下找到我，问我为什么星期六要补课。我说因为老师星期三有事情不能给同学们上课，所以决定把课改到星期六。学生听后，很生气地说："老师，你有事情可以不上课。但是为什么要占用我们的周末时间？周末应该休息，我不要上课！"我知道牺牲周末时间对很多学生来说难以接受，我也及时做了解释："我本想和其他老师调课，但是其他老师都没有时间。而且这次周六加课仅此一次，老师保证下次不会了。"听到我的解释，有些学生给予了理解，但有些学生还是无法接受，告诉我："老师，你有事情可以不来上课，但是周末是我的休息时间，我有事情，我可以不来上课吗？"听到学生的回答，我一时语塞。我没想到因为我的一次调课会让学生有这么激烈的反应，调课确实是不得已而为之，但学生的反应像是我犯了很严重的过错一样。我的心里很不是滋味，于是和学生说："你可以选择不来，但是学校的每堂课都会考勤，如果你不来就会算作旷课。"学生听后更加气愤地说："老师占用我周末的时间本来就不对，凭什么还要求我像平时一样按时上课？这太过分了！"最终，我们就这样终止了聊天，周末，这个学生也没有来上课。我以为类似的问题以后不会再发生，但没想到第二次的矛盾很快又出现了。

由于课时紧张，平时大部分时间都用来上课了，根本没有多余时间给学生安排月考和期中考试，因此学校决定定期让学生在周末参加考试。这个消息仿佛是一根引爆炸弹的导火索，在我通知学生这件事后，我很不幸地被学生投诉了。投诉的原因是："老师一而再再而三地占用我的周末时间。"被投诉后，我心里十分委屈，不知道自己究竟做错了什么。其实如果能够按时完成课时任务，我完全可以选择不给学生加课。但是我认为作为一名老师，应该对学生负责，所以宁肯牺牲自己的休息时间也要给学生把落下的功课补回来，我没想到自己的好心却招致学生的不满。而周末的考试安排是学校规定的，我只是一个传达者，可最后学生却把所有过错一并归结到了我的头上。

后来，我将这件事反馈给了学院领导，也对自己的做法进行了深刻的反思。我决定以后如果自己有事不能按时上课，应选择让其他老师代课，或牺牲自己平时的时间，按照墨西哥的时间给学生把课补回来，绝不占用学生的周末时间。学校听了我的建议后，也决定调整教学安排，将考试时间改到了工作日。

跨文化交际教学案例与分析

CCN 项目墨西哥预科留学生的线上授课

三、理论聚焦

时间观念

时间观念是非语言交际的重要维度，也是价值观的一种体现。它是研究人类在互动过程中如何认知、使用和构建时间的一门学问。人类如何看待和使用时间是在特定文化中慢慢习得的，带有文化特征。在宏观看待和处理时间方式时，不同文化的时间观念主要分为三种：过去取向、现在取向和未来取向。时间观念是人们在社会实践中自然而然形成的，属于文化的深层结构。因此，在跨文化交际过程中，不同文化背景的人会本能地以自己的"时间语言"处理和看待事情，并视其为理所应当，从而产生误解，甚至冲突。

四、案例分析

上述案例展示了两个跨文化冲突，第一是老师给学生周末加课，第二是学校让学生在周末考试。产生矛盾的原因是中国人和墨西哥人在时间观念上的不同。墨西哥是一个注重个体主义的国家，墨西哥人对时间的观念尤其薄弱。他们不会觉得做事拖沓、上课迟到是一种不尊重或不礼貌的行为，他们认为时间是弹性的、不可控的，无法在时间上做出准确的承诺，也不能提前做好计划来安排时间，而是坦然地等待时间的安排，对于周末时间的安排亦是如此。周末是属于个人的时间，一切工作和学习都不能打扰他们的周末时光。如果有人打扰，他们完全有权利不回复或不理睬。

但是，在中国人的观念中，"时间就是金钱"。如果有重要的事情一定要提前做，不能因为放假和休息而耽误做事。并且中国人的时间观念非常重，做事会提前做好计划，并且一定会给出确定的截止时间。因此，对于很多中国人来说，周末时光固然重要，但是完成工作和学习的任务更重要。

老师遭到学生投诉的主要原因是在第一次与学生发生冲突后，并未在第一时间就将此问题处理好。其实，第一次出现矛盾时，老师就应该及时进行反思并向领导或同事反馈，寻求解决办法，而不是任由矛盾激化。同时，老师也应该在课上对占用学生周末时间的行为给予道歉，并对周末不能按时来上课的学生给予理解。因为这确实是由于老师的个人原因而导致的。老师如果及时向领导反映情况，也许学校也不会出现占用学生周末时间考试的行为。此外，如果老师在之前就与学生沟通并获得谅解，也许就不会在之后遭到学生的投诉。

五、思考与实训

1. 本文体现了跨文化交际学中的哪方面内容？
2. 阅读案例描述，说一说学生与老师主要在哪些问题上产生了矛盾。
3. 阅读案例描述，你觉得老师的做法对吗？为什么？
4. 结合案例分析，谈一谈如果你遇到这样的情况，你会如何解决。
5. 查阅相关资料，比较其他国家与中国在时间观念上的异同。并说一说作为一名汉语教师，我们应该如何处理时间观念差异带来的冲突。

六、延伸阅读

1. 毕继万. 跨文化非语言交际[M]. 北京：外语教学与研究出版社，1999.

2. 邹明强. 对外汉语教学中的跨文化交流[J]. 云南民族学院学报（哲学社会科学版），1996（4）.

3. 爱德华·霍尔. 超越文化[M]. 何道宽，译. 北京：北京大学出版社，2010.

4. Hall, E. T. & Hall, M. R. Understanding Cultural Differences: Germans, Fren-ch and Americans [M]. Yarmouth, ME: Intercultural Press, 1990.

● 案例二

不要公开我的成绩

关键词：教学管理；非语言交际；中外对比；隐私观
案例作者：柴力

一、案例场景

本班学生为 CCN 项目的预科留学生，大多数为汉语零基础，全班共 15 人。班里学生均来自墨西哥，课程形式为线上教学。学生平时除了上课还要定期参加考试。考试后老师需要在课堂上为学生讲解试卷并答疑。

二、案例描述

我所教的班级每个月都要定期进行考试。除了月考，还有期中考试和期末考试。考完试后教师会给学生评分，然后在课上为学生讲解答疑。每次考试后，我都会把学生成绩记入我精心制作的表格。表格里面记载了学生的姓名、成绩，还有每位学生每道题的得分点和失分点。通过这个表格，我可以很清楚地看到班里每个学生的知识点掌握程度、成绩水平以及每道题的正确率。如果某道题的正确率很高，那么我在课上就不需要再讲了，这样就可以节省很大一部分时间。

在我的学生时期，我的老师会把全班成绩张贴在公告栏上，以此激励学生进步。因此，每次上课讲题前，我都会把这个表格发到群里，让学生们看一下自己的成绩，以便他们在我上课讲题的时候，可以重点关注自己出错的题目。我觉得这样可以帮助他们调整心态，尽快发现自己的问题，也可以快速提高自己的成绩。虽然给学生制作表格牺牲了一部分自己的时间，但是我觉得能给学生带来便利和帮助，一切都是值得的。但没想到的是，学生对我做的这件事有一些其他的看法。

在教师评教的时候，我看到我的评教回执中虽然分数很高，但也有一些是关于对我教学的不满。其中有一条是："I hope she could send the tests scores and mistakes just for the students instead of showing it to everyone in the course.（我希望老师可以把学生的成绩和错题单独发给学生而不是展示给全班同学)"看到这一条建议,我意识到,我侵犯了学生的隐私。在之前学习跨文化交际的课程中,我了解到很多西方人对个人隐私十分重视,因此在实际教学中我很少会询问学生的家庭情况等个人隐私。但是我却忘记了成绩也属于学生个人隐私的一部分,不应该在全班公开,这确实是我的疏忽。对此,我进行了深刻的反思。在之后讲评试卷时,我都会把每个学生的成绩和错题点单独发给学生,维护好每个学生的隐私。

三、理论聚焦

个人空间

个人空间也称非正式空间、人体距离等,主要指人际交往中人们身体之间的距离。个人空间是围绕在自己周围的无形空间,属于空间利用的范畴。空间利用也是非语言交际的重要内容。空间利用的方式体现了特定文化中人际关系的特点,反映了文化的差异。个人空间的大小与文化有密切关系,特别是与隐私观念有关。西方文化非常强调个人的隐私,在他们看来,个人空间就是隐私的一部分。英语里有句谚语"A man's home is his castle"(一个人的家就是他的城堡)就反映了西方文化对个人领域的重视。西方人对个人空间非常敏感,对侵入个人空间的行为反应强烈。总之,人们对空间的使用受到文化价值观念、地理环境、心理、习惯等多方面因素的影响。

四、案例分析

上述案例中,老师因为公开学生考试成绩而被认为是侵犯了学生的个人隐私,导致在评教时得到了负面评价,这反映出不同国家在隐私观方面的差异。不同的国家,不同的文化背景造就了不同的隐私观念。中国根深蒂固的集体主义使我们对隐私的概念较为模糊。西方人的价值观与中国人的价值观存在很大的不同。西方人崇尚个体主义,自由和平等,他们更加注重个人应拥有的权利,包括个人隐私。西方国家的学生对隐私权有着很高的要求和很强的保护欲。在他们看来,公开自己的成绩不但不是教师的善意行为,反而是侵犯了自己的个人隐私。将自己的成绩公之于众,这是一种不能接受的行为。

中西方对于隐私的看法存在很大的差别,因此,在今后的跨文化交际中,首先,我们应更加注意这方面的问题,在教学之初就要了解当地的文化与禁忌,尤其要重视他人的个人空间和领域,在交际中把握好"度",避免当地人对中国产生负面认知。只有尊重当地文化,才能更好地传播中国文化;其次,在交往时多关注对方的神态和语气,发现问题及时沟通解决,避免教学事件发酵；再次，教师应调整好自己的心态，及时解决问题，明确教学的主要目标，扮演好课堂的引导者角色。

五、思考与实训

1. 本案例体现了跨文化交际学中的哪方面内容？
2. 阅读案例描述，分析这种误解是如何引起的。
3. 阅读案例描述，说一说你从这个案例中得到了什么启发。
4. 结合案例分析，谈一谈你在教学时是否遇到过关于个人隐私的问题，你又是如何解决的。
5. 本文描述了中西方在隐私观上的差异，说一说中西方在隐私观问题上还存在哪些方面的差异。

六、延伸阅读

1. 陈雪飞. 跨文化交流论［M］. 北京：时事出版社，2010.
2. 周小兵. 对外汉语教学中的跨文化交际［J］. 中山大学学报（社会科学版），1996（6）.
3. 王卓雯. 跨文化交际中的个人隐私问题［J］. 今古文创，2020（26）.
4. 李羚，孙虹，秦玎哲. 跨文化交际中的中西文化差异［J］. 六盘水师范高等专科学校学报，2010，22（5）.

欧 洲

英 国

● 案例一

我对汉语不感兴趣

关键词：学习动机；个体因素
案例作者：彭佳利

一、案例场景

应老师来到英国的一所私立学校教授汉语，这是当地一所历史悠久、学风严谨的名校，学生素质都相当不错，所以应老师也对工作饱含热情，充满期待。但意想不到的是，应老师发现班上的学生虽然都很优秀，学习能力也很强，但是在汉语课堂上，许多学生表现得并不积极，远没有在其他课上那么主动。为了找出原因，应老师找学生们了解了一下情况。

二、案例描述

一天上课，课堂状况一如往常，应老师一人讲着，学生们既不提出问题，也不主动回答问题，只有被应老师点到名字才会应答，甚至还有学生偷偷地写别的科目的作业或看别的书。这些应老师都看在眼里，并走到他们身边加以提醒。临近下课的时候，应老师特地把提前整理的一些问题以问卷的形式发放给学生，问题涉及的大多是对汉语学习的兴趣程度，学习汉语的目的以及学生对汉语课堂的期待等。收上来的答案让应老师很吃惊，原来这里很多学生本身对汉语的兴趣并不高，而选择这门课程的原因很多，但都并非自愿。例如：有些学生是出于家长的要求才来上中文课,因为他们的父母由于工作机会到过或了解过中国,认为近年来中国经济高速发展,孩子学习中文以后必有用处;而有些则是出于其他教师的建议才来学习中文;还有一些是出于一时的好奇;甚至有些学生选择这门课的原因是认为中国人的数学很好,决定来一探究竟。原因千奇百怪,但更多源自外部的引导,而很少有人是出于真正的热爱。应老师这才明白课堂上大家积极性不高的原因。

三、理论聚焦

动　机

动机是激励个体从事某种行为的内在动力,常表现为为了达到某种目的而付出努力的愿望。动机有内部动机和外部动机之分。内部动机是由个体自身产生的动力,常常来自个体对所做的事情的兴趣和对其意义的认识,例如,因为喜欢旅行或某个国家的影视作品而主动去学习一门语言。而外部动机是外部因素作用的结果,例如,父母的要求,老师的奖励与表扬等。

四、案例分析

在上述案例中,应老师教授的英国学生对汉语课堂缺乏兴趣,只是作为课程任务来进行学习,而不对汉语学习采取任何主动的措施。应老师发现问题以后及时使用问卷的形式来探求原因,积极地反思和应对,这一做法很值得我们学习。当课堂教学出现问题的时候,作为教师,我们应当积极地找出原因并加以解决,而不是听之任之,消极对待。除了应老师采取的问卷调查方式,我们还可以采取师生访谈、课堂信箱、观摩其他老师的课堂等方式来帮助我们改进教学。

应老师通过调查,发现学生们的问题主要出在学习动机上,本案例中许多学生是听从家长或老师的建议才选择了汉语课,属于外部动机驱动,所以在学习中缺乏主动性也是情理之中的事情。

针对这种情况,教师首先应该有意识地在教学中引导学生把汉语学习当成自觉的需要,将汉语学习和学生的理想志向相结合,使当前的学习变成对学生有意义、有价值的活动,推动外部动机向内部动机转换。其次,语言是交际的需要,学习第二语言最根本的动力应该是自身交际的需要,教师在授课过程中,应当侧重贴近生活的实用汉语来传授,创造汉语交际需要的环境,激发学生的学习动力。教师通过鼓励学生将所学的知识运用到具体的生活场景中,完成具体的交际任务使学生有成就感,从而增强学习主动性。再者,教师的教学活动是增强学习者学习动机最直接的因素。教师要不断改进教学方法，使教学内容适合学生的需要，使教学方法能引起学生的兴趣，运用启发式教学活跃课堂，结合文化内容辅助教学很有帮助，如传统风俗、名人逸事等，这些都是外国友人非常好奇的话题，有助于教师抓住学生的兴趣点，如将其运用到汉语教学中，相信学生也会逐渐对汉语课堂产生兴趣。

五、思考与实训

1. 假设你班上的学生刚开始来上课都对汉语非常感兴趣，但是上了几节课以后，有些学生觉得学习汉语太难了，逐渐产生了厌学的倾向，作为老师你应该如何应对呢？

2. 结合所学知识分析以下问题：课堂上，Jack 经常得到老师的表扬，所以对中文课堂也格外上心，但是班上同学比较多，老师很难照顾到每一个学生，因此其他没有受到表扬的同学私下里觉得很不开心，你会如何处理这一问题？

六、延伸阅读

1. 高彦德，李国强，郭旭. 外国人学习与使用汉语情况调查研究报告［M］. 北京：北京语言学院出版社，1993.

2. 吴勇毅. 不同环境下的外国人汉语学习的策略研究［D］. 上海：上海师范大学，2007.

⬤ 案例二

请删掉这些照片!

关键词:跨文化交际;民族中心主义;个人隐私
案例作者:彭佳利

一、案例场景

刘老师于2021年被派往英国的一所小学担任汉语教师,这所学校非常重视学生各方面素质的发展,鼓励教师采用多元的教学方式,吸引学生们的注意力。孩子们的年龄集中在5~11岁,他们活泼可爱,但是上课往往无法集中注意力,刘老师便经常在课堂上组织一些文化活动,例如,写毛笔字、包粽子、剪窗花等,希望孩子们能在游戏活动中感受中国文化的魅力。平时为了积累教学素材和留存教学资料,刘老师会特意拍下一些照片,却没想这一行为引来了一些学生的不快。

二、案例描述

一次课堂活动上,刘老师组织学生们一起体验中国传统的剪纸艺术,手工剪刀和彩色卡纸都是刘老师事先就准备好的,他还特地带了新买的相机。孩子们一个个都很认真地在完成自己的作品,虽然没有经过专业的训练,但是孩子们都剪得有模有样,刘老师教大家剪了喜字和传统的窗花图样,活跃的孩子们还自己创作了"小老虎""小金鱼""小兔子"等作品,花花绿绿的卡纸衬得孩子们格外可爱。刘老师连忙掏出相机,趁此机会拍了一些宝贵的照片作为纪念。下课后,刘老师回到办公室,正在回看课上拍的照片,这些照片生动而有趣,刘老师十分满意。正巧英国同事Leo也下课回来,刘老师连忙招呼Leo一同欣赏自己拍的照片。Leo看到照片,听说是刘老师上课拍的,表情突然变得很严肃,郑重地要求刘老师把照片删掉,并提醒刘老师以后不要再这样做了。Leo老师向来待人平和,此次却这么严肃地提出意见,刘老师虽然不理解,也很不情愿,但还是把照片删除了。拍照这一行为在国内并没有什么不妥之处,刘老师想留下一些资料作为案例或纪念也很正常,为什么英国同事反应这么大呢?

三、理论聚焦

民族中心主义

民族中心主义就是按照本民族文化的观念和标准去理解和衡量他民族文化中的一切，包括人们的行为举止、交际方式、社会习俗、管理模式以及价值观念等。民族中心主义是跨文化交际中常见的三大障碍之一，其他两个分别是认识上的误区和刻板印象。

四、案例分析

本案例中，刘老师觉得班上学生参与活动的画面非常宝贵，特地用相机记录下来，却遭到同事的严肃对待。

在国内，学校开展活动时或者在课堂上，老师常会摄影留念，或者作为课堂资料留存，有时校方甚至会请专门的摄影人员来记录现场。这在我们看来似乎并没有什么问题，学生甚至还会非常配合地完成拍照，所以刘老师想当然地认为这一行为在英国同样也是合理的。但实际上并非如此，英国注重对个人隐私的保护，对成年人的脸都不能随便拍照，对小孩子更是如此。英国儿童保护的规定非常严格，还设有专门的法律，未经允许不能对不认识的小孩子拍照，特别是在泳池沙滩等场所，更是绝对不能随意拍照，否则将面临被拘留的风险。

同理，在学校里也有相应的规章制度要求，老师不能轻易地拍摄学生，只有在学生家长知情且同意的前提下才可以拍照，而且拍摄的内容也要给家长检查后才能留存。所以，汉语教师外派他国，一定不能以想当然的态度去行事，需要警惕民族中心主义的陷阱，避免用自己本民族的惯性思维去思考问题，学会观察身边当地民众的行为方式，多学习当地老师的做法和处理方式，才能克服跨文化交际过程中的诸多难题，顺利地完成我们的教学任务。

五、思考与实训

1. 请举出三个典型的民族中心主义的例子。

2. 除了本节提到的三个常见障碍，你认为日常生活中还有哪些障碍会造成跨文化交际问题？

六、延伸阅读

1. 胡文仲. 跨文化交际学概论［M］. 北京：外语教学与研究出版社，1999.

2. 公斐. 民族中心主义在跨文化交际中的危害［J］. 时代文学（下半月），2015（1）.

● 案例三

老师，我不是女孩子

关键词：性别认同；课堂活动
案例作者：彭佳利

一、案例场景

简老师在英国某中学教汉语，班上学生平均年龄在 15 岁左右，大部分正处于青春期，学生们也开始有了一些初步的自我认知。一次课上活动，简老师发现班上孩子们对自身的性别认同和自己默认的有很大的差距，甚至因此闹出了一些不愉快，经此一事后，简老师在性别认知的问题上谨慎了许多。

二、案例描述

一天在课上，简老师组织大家进行小组活动。简老师对班上学生说："请大家抓紧时间排成两队，男生站在左边，女生站在右边。"指令听上去并没有什么问题，学生们也陆陆续续地往左右两边分开并站好了队伍。大家都分好边后，简老师发现还有一个男生 Kelly 站在中间没动，便催促他去左边的队伍站好："Kelly，大家都站好队伍了，你怎么还不动起来呀？"Kelly 看着简老师，低下头不说话，但也不愿意站过去。简老师只好过去跟 Kelly 沟通："我们马上开始玩游戏啦，大家都在等你了哦，男生去左边，站过去吧。"Kelly 才很不情愿地走到男生的队伍里，简老师这时发现男生的队伍里还站着短发的小女孩 Zoe，简老师提醒道："Zoe，女孩子是站右边哦。"Zoe 表现得很生气，大声地说："老师，我不是女孩子！"简老师觉得有些尴尬，但是 Zoe 态度很强硬，一时也不好在这里耽搁课堂时间，于是简老师不再坚持，只好回到前面继续组织活动。"平时在国内分组也是这样进行的，可从来没出现过这种情况啊。"简老师觉得很疑惑。

三、理论聚焦

性别认同

性别认同（Gender Identity）是社会身份认同（Social Identity）的一种，我们通常提到的性别指的是生理性别。随着时代的发展，心理性别的概念越来越受到人们的重视，即人们根据对自身的认知来选择相应的性别认同，结果可能与其生理性别一致，也可能并不相同。

四、案例分析

简老师在课堂活动时因为分组与学生产生了矛盾。简老师按照惯例采取按性别来分组，在国内，我们组织教学活动的时候经常这样分组。之所以本案例中的简老师会遇到问题，是因为不同国家对性别认知看法不尽相同，性别的划分并不只是简单地分为男女两类。

在英国，性别是一个既敏感又复杂的话题。英国人认为每个人都是独立的个体，所以每个人对自身性别的认同也可以不一样，并不能简单地用男女来将人们一分为二，除了有男性、女性、双性还有性别流动等性别意识的存在。

本案例中说自己不是女孩子的孩子，很可能其性别认同就是男性，不愿站队的男孩则可能是第三种性别认同的持有者。在英国，孩子们的父母认为自己的孩子应该自由地发展自己对性别身份的认识，加上英国人个体意识强烈，每个人的性别认同都应该得到尊重，所以"性别歧视"在英国是一种严重的指控。为了避免性别差异的影响，就连邮件编写的称呼栏选项都有第三个无性别选项。如果汉语教师在相关国家工作，例如，英国、美国、泰国、新西兰等，一定要了解当地人的性别观念，避免出现问题。如遇到教学需要分组的情况，可以采取抽签或根据座位的分布来进行，同样可以达到目的且不至于造成困扰。

在教学过程中我们可能会遇到来自世界各地、各种各样的学生，不仅有性别认同不同的学生，也有多种性取向的学生等，需要我们用开放的态度去对待，哪怕是遇到自己不认同的观点，在不触及原则问题的前提下，我们也应该避开分歧的部分，求同存异，重点是保证教学任务的顺利进行。

五、思考与实训

1. 假设你是一名小学汉语教师，班上一名小男孩经常打扮得像个小女孩来上课，而其他同学常因此欺负这个小男孩，针对这一情况，作为老师，你能做些什么?

2. 请搜集三个由性别问题引发的跨文化交际案例,并加以思考。

六、延伸阅读

1. 布罗斯纳安. 中国和英语国家非语言交际对比 [M]. 毕继万, 译. 北京: 北京语言学院出版社, 1991.

2. 高晓云. 父母教养方式, 性别角色期待和小学儿童性别认同的关系 [D]. 沈阳: 沈阳师范大学, 2016.

● 案例四

为什么喜鹊代表幸运呢？

关键词：课堂教学；文化词汇
案例作者：彭佳利

一、案例场景

王老师在英国一所中学教授中级班汉语。班上有 20 个学生，年龄基本在 13 岁左右。他们接触汉语的时间较早，学习语言的接受能力比较强，思维也很活跃，基础比许多成人班的学生都要好。为了丰富课堂内容，王老师常常会准备一些中国传统文化相关的内容作为课堂引入来提高学生们的兴趣，顺便也可以拓展中国民俗文化的一些基本常识，但是由于中英文化习俗上的差异，王老师在课堂上遇到了一些难题。

二、案例描述

一天，王老师像往常一样打开了自己提前准备的课件。今天的课件开头是一些关于象征的选择题，王老师还精心配上了图画，希望借此来帮助同学们了解一些中国传统的文化意象。课件如下：

在中国，哪种动物代表皇帝？A. 龙 B. 凤 C. 虎 D. 狮子
给老人祝寿的时候忌讳送什么？A. 书 B. 钟 C. 表 D. 水果
出门看见什么会很幸运？A. 小狗 B. 乌鸦 C. 猫 D. 喜鹊

王老师本来打算在课上用 5 分钟的时间让学生做这些题目，增加学生的中国文化知识，也为课堂增添一些趣味。可是没想到，学生们对这些都不太了解，而且答案各异，问题很多。有的学生问："老师，我们经常用狗来形容幸运的家伙，可是你却说应该选喜鹊，这不合常理啊！"也有学生说："老师，龙明明是凶恶的猛兽，为什么是皇帝的象征呢？难道在中国，皇帝对人并不好，对人很凶吗？"还有的学生追问："老师，上次我祖父生日，祖母送了他一只手表，祖父可高兴了！"王老师只好花了一整节课给大家讲授题目涉及的文化习

俗，但有的解释也不太令学生信服。学生的问题越来越多，王老师有些应付不过来，有一些文化意象甚至自己都解释不清楚，学生们更是一头雾水。更重要的是，这样一来，她原有的教学计划直接被打乱了，她准备好的课堂教学都没有时间展开，一堂课就这样草草收场。

三、理论聚焦

课堂教学

课堂教学指教师根据教学大纲规定的目的、任务和教材，运用恰当的教学方法，在规定的时间内对固定班级的学生进行某门课程教学的形式。课堂教学是教学活动四大环节里的中心环节，其他三项分别是总体设计、教材编写和测试。

四、案例分析

本案例中，由于王老师在新课引入的部分涉及不同国家文化意象差异的问题，而遭到学生的追问，因此耽搁了不少时间，导致原本规划好的课堂任务无法完成。本案例中出现的问题，我们可以从课堂引入内容和课堂教学规划两个方面来进行分析。

课堂引入的环节中，王老师用汉语中有特殊文化意象的词语引入，想要引起学生的兴趣，出发点是好的，但是由于操作不当导致了很多问题。首先，"文化词汇"是指特定文化范畴的词汇，它是民族文化在语言词汇中直接或间接的反映。学生们生活在英国，文化背景与中国本就不同，因而很难自行理解这类文化及其形成过程，让学生自行猜测容易使课堂失去控制，倒不如采取对比分析的方式向学生们呈现同样的词语在英国和中国的不同含义，例如：在英国人们喜爱小狗，会用"lucky dog"来形容幸运；而在中国，因为民间传说喜鹊能够报喜，所以喜鹊被视为幸运的象征，类似的例子还有孔雀和凤凰等。其次，课堂引入的部分，不宜占用太多的课堂时间，一般3~5分钟即可。

不可否认的是，文化对汉语教学有着极其重要的意义，汉语课堂不可能完全脱离文化来教语言，但也需要控制文化板块的比例，文化类的知识推广只是起一个辅助作用，大肆展开只会适得其反。因此王老师在简单的引入以后需要尽快地进入汉语学习的版块，即使学生不依不饶地争论，也要及时制止并继续教学，可以引导学生课后自行了解相关文化知识。总而言之，汉语教学的目的是培养学生运用汉语进行交际的能力，而保证课程顺利进行才能帮助教师达到教学目的。

五、思考与实训

1. 除了课前文化小习题,还有哪些适合作为汉语课堂引入的形式?
2. 和伙伴们合作搜集十个中外文化词汇,并加以分析。

六、延伸阅读

1. 陈光磊. 语言教学中的文化导入［J］. 语言教学与研究,1992(3).
2. 王克非,王颖冲. 论中国特色文化词汇的翻译［J］. 外语与外语教学,2016(6).
3. 常敬宇. 汉语词汇与文化［M］. 北京:北京大学出版社,1995.

意大利

● 案例一

我听不懂你说的话

关键词：教学法；语言交际
案例作者：彭佳利

一、案例场景

李萍是一名汉语教师，今年她被派往意大利的一所高中教初级汉语。李萍之前学过一些意大利语，但是讲得不是很流利。该高中的学生年龄都在十五六岁，学生们之前很少接触汉语，因此双方在语言上都有些小麻烦，尤其是上课过程中，中文新词和抽象词语释义的讲解，对老师的教学和学生的理解都是不小的考验。

二、案例描述

李萍以前在国内教书的时候，习惯用中文课堂用语和学生交流，到了意大利，李萍也认为要给学生们创造一个说中文的环境。上课时，李萍像在国内一样，反复使用"再说一遍""跟我读"等指令来引导学生一起说中文，但是台下的学生并无应答，只是茫然地望着她。李萍发现学生并不能理解她的指令，也不会跟着她操练，她只得不断地重复指令，或加大指令的声音，但是效果并不明显，反而把自己弄得疲惫不堪。上课还没上到一半，就有学生坐不住了，把桌椅弄出"吱吱呀呀"的声音，还有的学生视线早早地转向了窗户外面，好不容易熬过去一节课，学生们飞似的逃出了教室。李萍也在煎熬中暂且松了一口气，却又陷入了更多的烦恼之中。学生觉得在她的课上什么都听不懂，也学不明白。李萍很着急，又一时不知如何是好，十分苦恼。

三、理论聚焦

全身反应法

20 世纪 60 年代初期,美国实验心理学家阿舍尔(James T. Asher)在其著作 *Learning Another Language Through Actions* 中提出了"全身反应法"(Total Physical Response),该教学法强调语言学习和动作的协调,通过身体动作来教授第二语言。此方法常用于儿童教学当中,在第二语言学习的初级阶段非常适用。

四、案例分析

和本案例中李萍老师的经历一样,许多汉语教师外派到陌生的国度,遇到的第一个困难就是语言障碍,许多老师因为语言不通而导致课堂开展困难,又或者因为语言和当地人民产生隔阂或误解。这一问题其实可以通过如下几个方法来得到缓解。

第一,在当地的语言环境下,无论生活还是教学方面,教师掌握一些当地语言的基本用法是很有必要的。李萍老师可以一边强化自己的意大利语,一边学以致用,以辅助和便利自己的生活和学习。在意大利语水平达到流畅交流之前,电子翻译设备也可以作为辅助选项。

第二,语言只是交际的一种手段,但并非唯一手段,人们还可以借助许多其他的方式来表达自己的意图与情感,如眼神、手势、身势、面部表情等。李萍老师的意大利语在还不足以顺畅地进行沟通之前,利用非语言交际的一些方式也可以与学生交流。比如在上课时,采用全身反应法,用夸张的肢体语言给学生做出示范,等到学生理解以后再邀请学生加入操练,还有眼神和表情等都可以传情达意,推动教学的进行。李萍老师甚至可以要求学生在课堂上只用汉语来进行表达,坚持"汉语优先"的教学原则,减少学生对母语的依赖,以达到练习汉语和运用汉语交际的目的,既缓解了老师语言压力,也为学生提供了一个很好的锻炼机会。

第三,如果确实已经到了教学无法开展、学生不受控制的地步,李萍老师也可以及时地向学校反映情况,寻求当地老师的帮助,保证汉语课堂顺利进行。

五、思考与实训

1. 除了全身反应法,你还知道哪些适用于汉语教学的方法?

2. 结合本案例，分析学生年龄的差异在教学法的选择上会起到什么样的作用？

六、延伸阅读

1. 章兼中. 国外外语教学法主要流派［M］. 福州：福建教育出版社，2015.

2. 杜涓. 全身反应法在对外汉语教学中的综述［J］. 智库时代，2019（42）.

● 案例二

"吃得少"与"没吃"

关键词：汉语教学；文化环境
案例作者：朱玲

一、案例场景

我在意大利一所中学任教，教学对象包括高中一至四年级的学生，汉语课是该校常规语言课，也是语言类学生的必修课，学生水平从零基础至高级不等，每节课 90 分钟。教学目的主要是学会简单的对话以用于交际，激发学生的中文学习热情，了解中国现代社会和文化。我使用的是少儿汉语考试（YCT）标准教材，教授内容包含听、说、读、写等技能。

二、案例描述

Martina 的汉语水平为初级。今天我们上课的时候，有一道听句子并判断对错的题。听力材料是"你怎么只吃饭不吃菜？来，多吃点儿。"题目是判断"她菜吃得很少。"这句话的正误。学生选择的答案是错误，而教材给出的答案是正确。我问学生为什么选择错误，她回答道："他不吃菜，不是菜吃得很少。"听了她的解释后，我没有立即纠正他的答案，而是继续进行下面的题目。第二天，我给另一个班级上课的时候，也做到了这道题。Francesco 给出的答案和解释与 Martina 的完全一致，所以我决定这道题的答案以他们的为准。

三、理论聚焦

强文化环境与弱文化环境

霍尔根据信息传播对社会环境的依赖程度，将文化分为强文化环境与弱文化环境，强文化环境的语言表达是间接式表达，说话者不会将所有信息编织进语言中，听话者需要根据文化与环境"意会"，是以听话者为价值取向的表达方式，通常出现在以集体为中心的文化中。弱文化环境的语言表达是直接的，语言本身承载了很多传播和交流任务，"言传"更为重要，说话者需要语义明确，表达清晰有逻辑，使听话者能立刻进行理解分析，是以说话者为价值取向的表达方式，通常出现在以个体为中心的文化中。

四、案例分析

从中国和意大利不同的语言观来看，意大利人认为语言本身就代表了人对事物的清楚认识和掌握，而中国人更多的是将语言看成一种人际交流的工具。在中国的文化背景下，人们在交流过程中需要时刻注意解读讲话人的意思，侧重于他人取向，对语境的特殊性和"提示"具有敏锐的洞察力，重视对说话者和听话者的心理及完整意图不断进行揣摩与领会，这是中国式集体主义文化的重要表现。

本案例中的听力原文"你怎么只吃饭不吃菜？"这句话意在表明说话人希望对方"要多吃菜"，而不是字面意思上的"吃菜"。吃饭的时候不可能只吃米饭，但是说话人为了突出强调对方菜吃得少，对事实进行了适当夸大，不在现场的中国人也能体会其中的言外之意。而意大利学生则认为这句话就是字面意思，听话人完全没有吃菜。意大利学生只是简单地对"你怎么只吃饭不吃菜"做字面意思上的处理，没有结合语境来考虑，所以导致两位学生都出现同样的误解。

对于初级水平的学生来说，让他们深入了解中国人的思维模式和语言观为时尚早。教师如果一味按照正确答案对其进行灌输，反而增加学生在现阶段学习中不必要的负担，有效交际的前提是对他人思维方式有所了解。总之，在汉语教学中，教师要善于发现学生们因文化不同而出现的各种问题，进而从中揭示文化差异并耐心为学生讲解清楚，在使学生明白两种不同文化差异的同时，激发他们对另一种文化的兴趣。

五、思考与实训

1. 结合案例描述与案例分析，谈一谈强文化环境与弱文化环境的差异。
2. 结合自身实践与经验，谈一谈这种差异带来的影响与启示。
3. 老师在批改作文时向学生提出建议："语言可再优美一点，含蓄一点。"学生表示不理解，该如何向学生解释？

六、延伸阅读

1. 李约瑟. 四海之内 [M]. 劳陇, 译. 北京：生活·读书·新知三联书店, 1987.

2. 邓炎昌, 刘润清. 语言与文化 [M]. 北京: 外语教学与研究出版社, 1991.

3. 喻小继. 中西思维模式对中国大学生英语写作的影响 [J]. 长春师范学院学报, 2011 (2).

4. 辜正坤. 中西文化比较导论 [M]. 北京: 北京大学出版社, 2007.

5. 本杰明·李·沃尔夫. 论语言、思维和现实——沃尔夫文集 [M]. 高一虹等, 译. 北京: 商务印书馆, 2012.

● 案例三

"及、且、既、与"和"e"

关键词：汉语教学；语言迁移；偏误
案例作者：朱玲

一、案例场景

我在意大利某孔子学院教授 HSK 课程，教学对象既有中文专业学生，也有零基础学员。HSK 考前辅导课是孔院常规课，针对不同等级的学生开设，每节课为一小时，每次上两节。教学目的是通过短期培训，让学生迅速了解 HSK 考试范围、考试规则、考试重难点及考试注意事项等。课程内容分两部分，第一部分为考试介绍，第二部分为大纲复习。

二、案例描述

今天我在讲解某一套题中的阅读部分时，发现学生在连词的使用上多次出现错误。第一，选择题中的四个选项"及、且、既、与"，学生们的错误率很高，究其原因，是他们不懂这几个表示并列关系的连词到底有什么区别。第二，在看图写作题中，"及"在句子中使用不当，学生造出了"所以我觉得她是一个老板及她想用画儿来装饰她的办公室"这样的句子。从这个偏误可以看出，学生不知道什么时候用这些词语，这是目的语过度泛化造成的。第三，学生造的句子"他看起来很认真而有丰富的经验"，可见他并不明白"而"和"而且"、"而且"和"并且"的区别。

三、理论聚焦

语言的迁移

自 1969 年塞林克提出中介语概念以来，语言的迁移理论也应运而生。语言的迁移指学习者将母语的习惯，包括语音及语法，应用到第二语言学习中，对第二语言学习产生正面和负面的影响，定义为正迁移与负迁移。偏误的第一大来源是目的语泛化，即学习者在所学不充分的情况下，将已知规则类推到新的语言现象中造成偏误。

四、案例分析

从框架语义学的视角来看，任何一个词应该放在其所在框架中去理解意义。在意大利语中，表示连接关系的词是"e"，对应英语中的"and"。学生在学习汉语的过程中，经常会无意识地用母语来关照目的语，即意大利的学生通常基于自己的母语，在脑海中思考一个与意大利语意思相同的汉语词汇，在其学习过程中，这种母语词汇与汉语词汇的互相变换的方式是他们常用的，让未知与已知产生联系，简化了他们的记忆过程。所以当学生面对汉语中"及、且、既、与"时，就会出现一些偏误。在教学过程中，如果单纯地从词性、语体色彩等角度给学生讲一个词或者一组近义词，他们不容易理解。所以学生往往会要求老师给出一个例句，也就是从具体的语言使用环境中去理解，学生更容易接受。

在本案例中，学习者由于对汉语知识掌握有限，出现了使用偏误。这一现象是由目的语知识负迁移与母语知识负迁移的双重原因造成的。在教授意大利学生汉语的过程中，连词是一个教学难点，如何教会学生在不同的语境中正确使用连词，是一个值得思考的问题。当然，解决这个问题不可能一蹴而就，必须将它置于高级汉语学习阶段的整个过程中予以解决。从交际的角度出发，在日常会话中，学生说出来的句子即使不合乎语法规则，但是受众（无论是听话者还是读者）能明白对方的意思即可。鉴于孔子学院的学生其主要学习目的是通过HSK考试，所以当这种偏误出现在客观题中时，教师有必要给学生辨析；如果是写作课，可以使用输入输出理论解决此类问题，例如，教师可以给学生例句、展示语法结构，通过给予学生正确的输入，然后让他们创造性地输出。教师可根据学生造的句子、写作的文章等反馈来判断他们的认知策略和对语言的理解。

从跨文化交际的角度来看，中国传统文化中通常通过辩证的方式来看待一个问题，强调的是基于不同的情况，恰如其分地选择不同的表达方式。教学时，教师应该考虑到各国不同的语言习惯，对学生加以引导。

五、思考与实训

1. 结合自身实践与经验，谈一谈如何应对母语负迁移现象。
2. 结合案例描述与案例分析，谈一谈如何利用母语正迁移进行教学。

六、延伸阅读

1. 陆俭明，沈阳. 汉语和汉语研究十五讲［M］. 北京：北京大学出版社，2016.

2. 陈爽. 母语迁移对大学英语写作过程影响的实证研究［J］. 长春教育学院学报，2020（11）.

3. 苏留华. 母语迁移对第二语言学习的影响［J］. 北京第二外国语学院学报，2000（4）.

4. Odlin，T. Language Transfer［M］. Cambridge：Cambridge University Press，1989.

5. Ellis，R. The Study of Second Language Acquisition［M］. Oxford：Oxford University Press，1994.

斯洛文尼亚

● 案例一

汉语合作教学

关键词：合作教学；文化休克；语言障碍
案例作者：姜兰

一、案例场景

2018年5月，当我得知自己有机会被教育部中外语言交流合作中心（原国家汉办）派遣至斯洛文尼亚开展汉语教学时，内心特别激动。我赶紧去网上搜索了关于这个陌生国家的一切资料，但是能找到的有用信息寥寥无几。这是一个位于欧洲中部的国家，英语的普及率非常高，我想用英语交流应该没问题吧！在浏览卢布尔雅那大学孔子学院的官方网站之后，我发现该孔子学院成立于2010年，各项教学和管理工作都已经非常规范化了，还曾被评为先进孔子学院。因此，我想我在斯洛文尼亚独立开展汉语教学工作应该不会太困难。在国内经过为期一个月的岗前培训后，怀着对汉语教学无限的憧憬，我踏上了这片遥远的土地。

由于签证的问题，我们同一批的新任汉语教师志愿者还有几人没到岗，所以原计划的卢布尔雅那大学孔子学院为新到任汉语教师志愿者举行为期1～2周的岗前培训推迟了。我还没有接受当地汉语教学岗前培训就匆匆前往赴任城市开展汉语教学工作。

当我到达马里博尔（该国第二大城市）孔子学院后，我才发现当地人主要讲斯洛文尼亚语。由于赴任前，我没有接受斯洛文尼亚语培训，当地英语的普及率也并没有我想象中那么高，所以沟通起来比较困难。此外，当我到达工作地点后，我了解到当地的中小学汉语教学是没有指定教材的，是在教学大纲的指导下，和当地教师共同制订教学计划，自行决定授课内容。教学的主要目的是学生通过初步的汉语学习，能进行简单的日常口语交际，增加对中国文化的了解。没有教材，需要自行确定教学内容，还要和当地老师一起合作，这确实大大出乎了我的预料，让我有点不适应。

二、案例描述

（一）

今天是我到马里博尔的第五天。出国前虽然知道海外汉语教学模式主要分为独立教学和合作教学，但平时都是以独立的汉语教学模式进行教学试讲的，很少探究合作教学的课堂模式。当我被告知斯洛文尼亚的汉语教学采用合作教学时，我一边觉得有个翻译老师挺好的，另一边又为如何合作教学而担心。

今天是我和合作教师 Mojca 第一次见面，我们约在了移民局门口碰面。因为我要去移民局办理报到手续，但语言不通，所以需要合作教师协助办理。Mojca 是一名汉学家，会说汉语、英语和斯洛文尼亚语，之前我们沟通都是通过发英语电子邮件。即便是第一次见面，但在她的帮助下，我的报到手续办得特别快，二十分钟就搞定了。我对她的印象非常好，也希望我们之后的合作能够一切顺利。

下午，Mojca 安排我去观摩她和另一名汉语教师志愿者搭班的汉语课堂。她希望我在正式上课前提前熟悉学生的基本情况以及合作教学的基本模式。这是我第一次到当地学校，下午这节课听的是 France Prešeren 小学汉语中级班的课。这节课的教学内容是复习和学习与心情有关的词汇。学习的内容不多，就几个词汇：高兴、伤心、生气等；但是口语练习比较多，学生的参与度很高。这节课大约有 7 名学生，该名汉语教师志愿者已有一年的汉语教学经验，和 Mojca 配合得很默契，孩子们和两位老师也配合得很好。教学时，汉语教师志愿者讲汉语，Mojca 用斯洛文尼亚语和学生沟通。第一次听课，自己坐在教室后面有一点点紧张，但是也大致了解了当地汉语合作教学的基本流程和步骤。

在另一名汉语教师志愿者的帮助下，我大概明白了我应该如何和 Mojca 开展合作教学。课前，我和 Mojca 一起决定教学主题，然后由我设计具体的教学内容，制作课件，再以邮件的方式发送给 Mojca，最后由她审校修改。在课堂中，我主要负责用汉语进行教学，Mojca 负责用斯洛文尼亚语与学生沟通交流并负责课堂纪律。

（二）

今天是 11 月 1 日。昨晚，为了做好下周给 France Prešeren 小学汉语中级班上课使用的课件，我一直都很焦虑，到了凌晨一点才艰难地入睡，到了两点多又醒了。

早上，我也不敢睡懒觉，早早地起床继续做课件。因为没有教材，全部教学内容都需要由我和合作老师一起确定，这种既没有教材，又需要与当地教师合作上课的教学模式和在国内不太一样，所以备课时我很迷茫。虽然上周已经去听了他们一节课，了解了学生的基本情况，但是依然不知道下节课选哪个话题比较合适。思来想去，为了延续上节课"心情"的话题，我定下了"性格"这个话题，然后便一直在思考课堂呈现的方式，以及如何讲解。虽然上课会有他们的母语老师帮助翻译，但除了翻译——对应的东西，我想让汉语课变得丰富有趣，为此我一直在思考如何设计练习活动。所以备课的难点，就在于一些课堂活动的设计和知识点之间的连接。我希望它们能够有逻辑性，学生乐于接受。最终，我决定教授的词汇为：积极、消极、粗心、细心、活泼和勤奋。在练习时运用趣味心理小测验的形式，让学生主动参与课堂。第一次给学生上课，我希望自己在上课时能灵活应变，让学生觉得我是一个有趣的老师。所以备课时，没有涉及语法点。

备完课，我还是很疑惑。我设计的活动有趣吗？这样的汉语课会有意思吗？以话题为主要的授课思路是对的吗？没有教材会比有教材更好吗？还是说，这只是针对兴趣班而言的呢？

（三）

今天是11月2日。昨天把教学课件发送给Mojca，今天下午就收到Mojca回复的邮件了。

Mojca是一位非常认真的老师，能发现我课件上出现的任何一个错误。邮件中特别提到了一个跨文化交际问题，我在课件中设计了一个自认为特别好玩的性格测试游戏，但是Mojca觉得这个游戏不太好，不能在课堂上呈现。因为她认为这样相当于给孩子们贴标签，一些负面的词汇，比如"消极"和"粗心"这两个词，就会让孩子们觉得被贴上了标签，心理上会受到伤害。我之前确实没有考虑过这样的问题。他们国家非常重视对儿童的保护。其他有经验的志愿者老师还特别提醒我，在这里尽量不与学生发生身体接触，例如，摸头、捏脸、与异性学生拥抱等；不能在没有经过学生或家长同意之前随意给学生拍照，上课时尽量减少竞争性活动等。平时在国内没有考虑过的问题，在这里都需要格外注意。

晚上，我又重新修改了课件，将原来的性格测试游戏更换成性格词汇分类、小组成员性格调查和口语交际活动。

（四）

今天是 11 月 6 日。今天我终于开始给小学的中级班上第一节汉语课了。

我怀着忐忑的心情去上课，第一次真正站在海外汉语课的讲台上，还是有一点担心。但由于准备比较充分，所以上起课来，并不算太紧张。先是自我介绍，其次复习他们之前学习的内容，再引入新话题、呈现教学新内容、练习巩固新内容，最后一点时间是对中华文化常识的简介。

课堂上，我和 Mojca 配合得还算默契，我说一句，她翻译一句。口语交际部分则是我和学生之间直接交流。由于学生已经学习了一年的汉语，他们的汉语口语交际能力都不错。但是，我发现课堂上学生对 Mojca 依赖性比较大，都在认真听她的翻译，而没有认真听我讲话。每当 Mojca 翻译的时候，我完全听不懂她在给学生说什么，也不知道她说得对不对。那时我觉得自己就像个"吉祥物"站在一旁，心里有一点失落，这和我想象中由我主导的汉语课堂相差甚远。

合作教学课堂

刚开始我并不明白为什么要开展这样的合作教学，后来其他的汉语教师志愿者告诉我，斯洛文尼亚教育法令明确规定，斯洛文尼亚中小学的全部课程，无论是必修还是选修，都必须使用斯洛文尼亚语进行教学，课堂中禁止使用第三方语言作为媒介进行语言教学。但是绝大多数赴任的汉语教师志愿者都以英语作为第二语言,并不会说斯洛文尼亚语。因此,在斯洛文尼亚中小学的汉语课上,一直采用合作教学模式开展汉语教学。

这是我和 Mojca 第一次合作开展汉语教学的经历,结果还算不错,但我对之后如何才能维护好这样的合作教学依然感到很迷茫。

三、理论聚焦

合作教学

合作教学,又叫协作教学、协同教学,起源于 20 世纪 50 年代的美国。合作教学最初被用于特殊儿童的教育,普通教师和特殊教师共同从事教学活动,使特殊学生能够融入普通课堂。随着教学理论和实践的不断发展,合作教学模式也被越来越多地运用到第二语言的教学中。美国学者 Cook 和 Friend (2003) 经过多年的研究和归纳,根据合作教师的课堂行为和教师角色,将合作教学归纳为以下六种具体模式:

(1) 一人主导,一人辅助 (One Teaches, One Drifts)。一名教师是课堂主导者,负责制定和实施教学计划,另一名教师在教室观察并帮助有需要的学生。

(2) 教学者和观察者 (One Teaches, One Observes)。一名教师进行课堂教学,另一名老师观察课堂。观察者可站在旁观者的角度观察学生状态和授课教师在教学中存在的问题,并予以反馈。

(3) 互补教学 (Alternative Teaching)。根据是否有特殊学生或学生水平,在班级中划分出一个小组,由一位教师进行教学,另一位教师面向班级大多数学生进行教学,两组教学内容可以一致,也可以不同。

(4) 平行教学 (Parallel Teaching)。两名教师共同制订教学计划,课堂教学时教师将学生分成不同的学习小组,同时教授相同的内容。

(5) 站点教学 (Station Teaching)。教师将教学内容划分为多个部分,两名或多名教师分别进行教学设计,在课堂上负责各自的教学内容,形成不同的教学中心,学生分组后轮流进入不同教师的教学小组。

(6) 协同教学 (Team Teaching)。两名教师共同制订教学计划,同时教授学生相同的教学内容,轮流带领学生讨论,大多数教师认为这种方法虽复杂但教学效果最好。

随着海外汉语教学的开展,不少国家采用合作教学的方式教授汉语。其中以中韩汉语合作教学最为典型,合作模式较为成熟,相关研究较为丰富。中韩两国于 2011 年签订教师交流合作协议,成立 Chinese Program in Korea

(CPIK）项目，由教育部中外语言交流合作中心（原国家汉办）派出的汉语教师志愿者与韩籍教师合作进行汉语教学。

四、案例分析

对于大部分中国人而言，斯洛文尼亚是一个陌生又遥远的国家，甚至可能从未听说过。对于我来说，赴任前我对它的认识仅仅停留在非常浅显的认知上，如它位于欧洲的中东部，北邻奥地利，西接意大利，是一个面积约20273平方公里，人口约为211万（2022年数据）的国家。赴任前，我并没做好充分的心理准备和教学准备，以至于我在到任初期发现当地的实际情况和我的预期之间存在巨大的差异，于是产生了明显的文化休克现象。

文化休克是指人们对另一种不熟悉的文化环境产生的心理反应。由于每个人对异文化的适应能力不同，在不同方面会有不一样的反应。我是一个生活自理能力较强的人，对当地的生活，适应能力比较强，但对工作环境和工作难度预估的不足，导致我在工作初期就遭受了巨大的冲击。例如，语言上的障碍导致交流不畅；对于当地汉语教学没有使用汉语教材感觉很吃惊；对中斯合作教学模式感觉很不适应；在备课过程中感到焦虑，甚至失眠等。出现这些情况时，作为有跨文化交际理论知识的人，我们不必惊慌失措，应当明白这是正常的现象，要积极面对，找出问题的原因，还可以寻求同伴的帮助，及时调整自己的状态。值得反思的是，在赴任前，我应该通过查阅书籍、杂志和有关论文，浏览互联网信息，或主动联系前任汉语教师志愿者等方式，尽可能地多了解赴任国的基本国情，特别是当地汉语教学的具体情况。

语言是人类沟通交流的主要手段，语言障碍是跨文化交际障碍中非常典型的问题之一。赴任前，我对当地的语言使用情况并不了解，也没有主动去学习日常用语，认为可以和当地人以英语作为媒介语进行沟通，对语言障碍产生的负面影响预估不足等，这些都导致我在到达赴任国初期时感到不安，甚至出现紧张和焦虑的情绪。在合作课堂上，由于语言不通，我不能直接与学生交流，只能通过当地教师翻译来回答学生问题，而且在当地教师与学生就某个话题进行讨论时，我由于听不懂他们交流的内容，觉得自己像个局外人，而感到很失落。这很容易使合作教学偏离原来的初衷。

由于语言障碍而无法获得正确的信息来减少不确定性，汉语教师志愿者在交际中容易产生挫败感和焦虑感。语言障碍很大程度上影响了汉语教师志愿者在跨文化交际中的自信。因此，无论是采取合作教学还是独立教学，学习和掌握当地的语言对教师志愿者开展汉语教学工作是十分有必要的。在此给即将赴任的汉语志愿者教师们以下几点建议：

（一）准确了解赴任国语言情况；

（二）赴任前或初期，自主学习赴任国语言，并达到初级水平，能进行简单的交流；

（三）参加语言班，与当地人尽量使用当地语言交流；

（四）能在课堂中使用赴任国语言来传递简单的教学指令。

随着汉语本土教师人数的增加，中外教师合作开展汉语教学的模式运用更加频繁。作为一种汉语教学新模式，中外合作教学有它的优势所在。首先解决了中方教师不懂当地语言，不能用学生母语阐述比较复杂的语法知识的问题，同时也弥补了外方教师在发音、语法、中国文化底蕴方面的不足。其次，合作教学能为学生提供更多的汉语学习资源，丰富了汉语课堂活动、打开了文化交流的窗口、提供了汉语学习环境、增强了汉语的学习效果。同时，合作教学也能促进中外双方教师教学经验的交流，并在此过程中碰撞出新的教学方法和理念的火花，促进双方教学能力的提升。但是，在实际的合作教学过程中依然存在很多问题，例如，某一方对合作教学理论和合作模式认识不足、缺乏合作教学经验等，容易影响教学效果；双方合作能力不平衡时，在沟通和教学过程中易发生分歧；教学任务分工不均，容易产生矛盾等。因此，不同的中方教师和外方教师进行合作教学时，往往教学效果差别较大。开展海外汉语教学工作之前，汉语教师志愿者要对合作教学理念、合作教学的基本模式，如何与合作教师配合以及怎样开展好合作教学有一个清晰的认识和充分的准备。

五、思考与实训

1. 针对本案例中出现的文化休克现象，你有哪些好的办法减缓焦虑？

2. 结合以上案例，你认为汉语教师应当增强哪些方面的意识或能力？

3. 如果你在海外开展汉语教学时，你对当地已经形成的汉语合作教学模式和理念不太认可，但外方要求你按照这样的模式开展教学，你会如何处理这样的情况？

六、延伸阅读

1. Friend, M. &L. Cook. Interactions: Collaboration Skills for School Professionals (4th edition) [M]. Boston: Allyn&Bacon, 2003.

2. 王坦. 合作教学导论 [M]. 济南：山东教育出版社，2007.

3. 朱勇. 海外环境下中外教师的合作教学［J］. 语言教学与研究，2014（3）.

4. 汤杨. 斯洛文尼亚中学汉语教学现状调查及对策研究［D］. 上海：上海外国语大学，2016.

5. 曹丹妮. 斯洛文尼亚孔子课堂发展模式探究［D］. 南京：东南大学，2018.

6. 张娜. 斯洛文尼亚中小学汉语课合作教学模式研究——以卢布尔雅那大学孔子学院为例［D］. 北京：北京外国语大学，2020.

非　洲

加　纳

● 案例一

"茶"还是"高铁"？

关键词：对外汉语课；文化教学；教学内容僵化
案例作者：田梦英

一、案例场景

近年来，中国与其他国家的关系日益紧密，在非洲很多国家，汉语也受到了越来越多人的认可和喜爱。孔子学院的建立就是很好的证明。加纳是中国在非洲的一个重要合作伙伴，早在 2008 年，加纳大学就开设了汉语课程，2013 年又成立了孔子学院，成为加纳最早设立孔子学院的大学，这里还举办了汉语 HSK 等级考试。可以说，汉语在加纳的发展以及中国文化在加纳的传播，加纳大学发挥了重要的作用。孔子学院的很多毕业生也将中国作为留学的目的地，希望本科毕业之后能到中国留学，继续深造。

加纳大学招收新生时，通常让新生自主选择专业，但有时也会按照高考成绩分配专业。在加纳大学，学生必须学习一门外语，并且完成了大学三年级学业的学生必须去目的语国家留学一年，然后再回到加纳大学学习，直至毕业。因此，"汉语"在加纳大学是一门热门课程。加纳大学孔子学院的学生在学校接受过几年系统的汉语学习，具有一定的汉语基础，但大部分的学生未到中国留过学，所以对中国的现状还不够了解。

二、案例描述

2019年6月,我被派到加纳大学孔子学院教授汉语课。前几个课程目标完成后,学生们的上课积极性有所下降。例如,有的学生上课不认真听讲,有的学生上课时和同学说话,甚至有学生告诉我汉语很枯燥。于是,我根据看到学生的上课状态以及接收到的一些反馈,按照教学内容,在原有课程的基础上设置了文化拓展专题课,期待这样可以提高学生上课的积极性。

10月的一天,我照例走进教室上课,先介绍了中国剪纸的发展历史。在讲述的过程中,我慢慢走下讲台,发现他们都在记笔记。虽然学生对剪纸了解不多,但他们回答问题时都非常积极。看到学生都记完笔记之后,我紧接着介绍剪纸的种类及其文化内涵。在剩下的课堂时间里,我带领学生们进行了简单的剪纸操作,教同学们剪简单的"喜"字以及星星图案。学生都很兴奋,他们很快地一个接一个向我展示自己的成果,并且拿起手机拍照记录。根据上课学生的参与度,我认为这是一堂成功的文化展示课。

一周后,我按照上一节课的教学模式介绍书法。但教学效果却不如第一堂课,整节课气氛都不太活跃。我以为是临近一年一度的足球大赛,学生的心思都不在课堂上,才导致了教学效果不太好。我相信足球大赛后,课堂氛围会有所改善。

11月的第一堂课,在授课前,我查阅了孔子学院资料室中所有和茶文化有关的文字、视频资料,并把这些材料整理成书目,提前两天发给学生,要求他们到资料室借阅这些资料,做好课前准备和预习。上课的时候,我用了几张关于茶的图片引入主题,但学生对这些图片的反应很平淡,有些学生还说:"我知道这是茶。""我喝过茶。""老师以前介绍过茶。"听到他们的话语,我以为大家对"茶"文化很感兴趣。随后,我利用漫画形式简单讲解了"茶叶发于神农,闻于鲁周公,兴于唐朝……",但大家的表情没有太大的变化。接着,我对茶的种类进行对比讲解,介绍了茶叶分为绿茶、红茶、白茶、黄茶、青茶、黑茶六种。绿茶的代表为西湖龙井、信阳毛尖、碧螺春;红茶的代表为滇红、川红、祁门红;发酵茶与不发酵茶的主要代表等。学生们都一脸茫然地望着PPT,那一瞬间,我不知道是否要继续讲下去。突然有一位学生举手,我以为他要向我提问关于茶的知识,我很开心。然而,他说:"老师,这些东西太老了,我不想听这个,可以讲中国现在的东西吗?"当时我就愣住了,随后其他同学也零零散散地发出声音,我听到了"高铁""支付宝(Alipay)"等词语。当时我尴尬地回答他:"你这个想法很好,我们下节课可以考虑讲这个。"

随后我仓皇地上完了剩下的内容。

坦白来说，我内心有点不知所措，同时学生的问题也让我陷入了思考……

与当地学生的合影

三、理论聚焦

文化教学

语言与文化相辅相成，密不可分。语言教学中的文化分成两种，分别是知识文化和交际文化，一般交际文化的重要性要远大于知识文化。文化导入的四种常用方法为：直接阐释法、交互融合法、交际实践法、异同比较法。除了在知识文化教学中插入知识点，也有学者建议将多媒体技术运用到文化教学中，这不失为一种提高教学质量的方法。同时，我们也需要改变传统教学的方法，注重创新，利用案例进行教学。至于文化因素的层次性，我们也需要根据学习者的水平进行阶段教学。

四、案例分析

本案例中，老师的文化拓展课总体教学过程没有问题，在一定程度上对中国传统文化进行了传播。但是，教学结果并不是很理想。主要原因有以下几点：

第一，课堂内容从传统文化出发，部分内容与之前的重复，缺乏创新性。这三次文化课主要围绕"剪纸""书法""茶文化"进行。我本想通过对这些专题文化的讲解，使学生对中国文化有更深入的了解，但结果并不理想。大家从第一次上课时的兴趣浓厚，积极性很高，到第三次课学生直接指出课堂内容无趣，并提出疑问。首先，中华文化的海外传播要以连接古今、融通中外为目标。习近平总书记提出要加强对中华优秀传统文化的挖掘和阐发，使中华民族最基本的文化基因与当代文化相适应、与现代社会相协调，把跨越时空、超越国界、富有永恒魅力、具有当代价值的文化精神弘扬起来，激活其内在的强大生命力，让中华文化同各国人民创造的多彩文化一道，为人类提供正确精神指引。其次，中华文化的海外传播要以创新为手段。但是在当前的对外汉语课堂中，很多文化概念被书本化、程序化、僵硬化，比如很多外国人认为每一个中国人都会武术，诸如此类的文化案例数不胜数。为现在创新性的现代新文化寻找"正解"迫在眉睫，这就要求我们立足传统文化，创新教学内容，比如文化专项的主题可以换成"高铁""支付宝""共享单车"等现代文化，可能会更接地气、贴近生活。

第二，我并未对课堂突发性情况做出预设，这也是对外汉语课堂中很容易忽略但又极其重要的环节。学生觉得李老师的教学内容枯燥乏味而提出质疑时，李老师因为没有提前预设学生对课堂内容的反应，所以只能简单而模糊地回答。与国内的课堂教学相比，汉语课堂教学更加复杂，在真实的汉语课堂上，会因课堂内部或外部因素引发非预设性事件而使教学过程发生动态的变化。"未雨绸缪，防范为先。"这句话对于汉语课堂有着非常重要的实践意义，在教学中提前预设课堂可能出现的问题是课堂教学防患于未然的一种必要手段。

第三，老师在课堂中过于注重传授文化知识，忽略了学生的汉语水平，过多讲授与教学对象水平不符的知识性文化。克拉申提出的"i+1理论"，"i"代表学习者目前的语言知识水平，"1"代表学习者目前的语言知识状态与下一阶段的差距。克拉申认为语言信息的输入既不能等同于其现有水平即"i"，又不能远远超出学习者现有的水平。因此，可理解输入的有效部分只能够是处在大于"i"而小于"i+1"的水平。

从理论上讲，语言文化学既然是研究语言与文化相互关系和作用的一门科学，其研究范围就不可能局限在语言学和文化学两个方面，而是要广泛涉及诸如语言交际、语言符号、语言认知、语言的理解以及使用等诸多方面。也就是说，它既可以从语言学角度研究"语言中的文化"，也可以从文化学角度研究"文化中的语言"。中华文化的海外传播要以创新为手段。习近平总书记在文艺工作座谈会上说过："传承中华文化，绝不是简单复古，也不是盲目排外，而是古为今用、洋为中用、辩证取舍、推陈出新，摒弃消极因素，继承积极思想，'以古人之规矩，开自己之生面'，实现中华文化的创造性转化和创新性发展。"

孔子学院的文化使命是要使中华文化和世界上其他文化互相沟通和理解。其宗旨是增进世界人民对中国语言和文化的了解，发展中国与外国的友好关系，促进世界多元文化发展，为构建和谐世界贡献力量。

作为汉语教师，我们不但要提升自己的专业素养和教学技能，应对教学过程中的突发情况以保证教学的顺利进行，同时还要将文化教学和语言教学创新性地结合起来，遵循汉语教学原则，克服当前文化教学中的不足，呈现出更生动的教学课堂，从而使文化教学成为汉语教学中光彩夺目的一部分。

五、思考与实训

1. 作为一名汉语教师，你打算如何将知识教学与文化教学相结合，以达到最佳教学效果？

2. 如何平衡汉语教学中传统文化与当代文化的关系，探讨在教学过程中文化更新的重要性。

六、延伸阅读

1. 周庆. 智慧教室环境下对外汉语教学案例分析——以李孝娴老师《这条裤子有点儿长》为例［D］. 长沙：湖南师范大学，2017.

2. 李忠娟. 简析民俗文化在对外汉语教学中应用［J］. 文化创新比较研究，2020，4（29）.

3. 崔潇. 新时代中华文化海外传播内容创新的四个"度"——以第一届"讲好中国故事"创意传播国际大赛获奖作品为例［J］. 对外传播，2018（12）.

● 案例二

加纳时间

关键词：课堂管理；时间观念
案例作者：田梦英

一、案例场景

在加纳工作的第三个学期，我主要在加纳大学孔子学院本部教授 HSK 相关课程。加纳大学孔子学院的学生，大部分都是社会人士，也有少部分加纳大学的学生。我教授的是成人班 HSK1 的课程，每节课两个小时，上课时间是加纳时间晚上七点至九点。教学目的是通过汉语学习掌握汉语知识，也对中国有一个较为清晰的认识，增强对中国文化的感知力。学生的职业、年龄和通勤距离都不同，学习目的也截然不同。

二、案例描述

在非洲，当大家决定一点钟一起去做一件事情时，在我们中国人看来是要一点钟以前到，而在非洲人看来一点到两点之间都算一点。他们并不认为自己不守时，只不过他们守的是非洲时间，加纳人也是如此。去加纳之前，我已经对加纳人的时间观念有所了解，也做好了跨文化交际的心理准备，甚至是"有备而来"的。但等真正置身于课堂，还是有些无所适从。

第一次上课就给了我一个"惊喜"。上课铃声响了，我已把 PPT 打开，教具也准备齐全。精心打扮的我已经站在教室里 20 分钟了，满怀期待地等着学生进入教室，开启我们的第一堂课。但只有黑板和 PPT 陪着我，整个教室安静得像没这堂课一样。一瞬间，我也怀疑是否是自己记错了上课时间。30 分钟后，学生陆陆续续、零零散散地走进教室。有的是银行职员，有的是个体户，有的是开 Tro（加纳私人收费的公交车）的司机。看到他们虽然工作一天下来很疲惫，但下班后仍坚持学中文的态度，我不悦的心情暂时被缓解。

然后，我开始自我介绍，并规定班级规章制度以及成绩评判审核标准。例如，上课不能迟到，要按时完成作业，上课尽量说中文等，学生对此并未提出任何反对意见。随后，进行班长选拔，每一位学生都可以竞选，每一位学生都可以投票，票高者胜。班长需要负责复印课本、请假、上课点名等事务。

上了几个星期课后，我发现所设定的规章制度形同虚设。大家上课仍然会迟到10~20分钟，作业只有三五个学生按时完成，课堂上还是会说英语或者Twi（加纳当地方言之一）等。我想了解学生为什么会迟到，他们给的理由千奇百怪，如："我今天工作很忙。""我的女儿要去补习班。""我身体不舒服。""路上堵车。"对此，我认为这些都可以理解，因为学生的职业不同，每个人的家庭情况也不同，下班后还需要充当各种角色。

作为老师的我也采取了必要的行动，接下来一周的汉语课，我提前将课堂规则重新写在PPT上，并告诉学生，出勤率也是成绩的一部分。除此之外，我还设置了考勤表，上课迟到的同学直接扣出勤率的分。另外，强化班长的职权，让他辅助我管理考勤。后来，上课迟到的问题就很少出现了。

加纳街景

三、理论聚焦

线性时间观

不同民族由于有着不同的文化背景和不同的认知方式，所以也就形成了不同的时间观念，即线性时间观和循环时间观。线性时间观认为时间是一条线。时间的发展是不重复、不可逆的。循环时间观认为时间是一个圆，事物从一个状态出发经历了一定的周期变化之后还会还原到最初的状态，如此循环往复。中华民族就认为时间是永恒的，时间有轮回。中国的计时方法和单位也能够反映时间循环的观点。

四、案例分析

不同的国家有不同的时间观念。而时间观念是跨文化交际中非语言交际的一个重要组成部分，它是在文化基础上形成的，同时又指导着人们的行为方式和思维方式。时间观念具有相对的稳定性，一旦形成就很难改变。因此，在跨文化交际的过程中，了解对方的时间观念十分必要。

中国和加纳存在时间观念差异。中国时间观念强，主要受中华民族传统的农耕文化影响。古代中国是一个典型的小农社会，农业在社会发展过程中占主要地位。古人依据"春种秋收"的标准进行农事活动，就有一个明确的时间规划意识，什么时间应该做什么事情。非洲人的时间是与日常生活紧密联系在一起的，这种具有主观性的社会时间依赖于社会、历史和个体生命而存在，时间如果失去了内容的支撑，对非洲人来说是不可想象的。原因在于非洲人从不用钟表去度量抽象的时间，而是依靠"生活"时间，并根据具体事件来记述或表达时间。例如：在加纳，很多人手上都戴有手表，但那不是用来计算时间的，只是体现"我有手表"，甚至很多手表都是坏的。或许，手表对于当地人来说，更是一种社会地位和个人品位的象征。在一些重要节日，加纳人总会迟到，地位越高迟到的时间越久，可能地位与迟到时间成正比。

对于如何应对"加纳时间"，我有以下几点建议。

第一，加强沟通与交流，避免误会。多与当地人沟通交流，做朋友，努力学习并了解所在国家的思维方式，提高自身的共情能力。另外，也可以向有经验的教师学习。

第二，强化课堂规则，奖罚分明。设置有效的课堂规则，并严格实施，会对课堂教学活动有很大帮助。例如，为准时上课的学生发小贴纸，期末兑换相应的学习用品。考试成绩由课堂出勤率、课堂表现、期末考试三部分组成，强调出勤率的重要性。

第三，耐心处理问题。海外任教无论遇见什么问题，首先要冷静，然后耐心地想办法处理，保持积极乐观的心态。

第四，设置辅助管理岗位。采取全班投票，选拔班级人气较高的学生作为班长，通过班长的协助管理来提高工作效率。同时，一些班级小问题，也可以让班长帮忙处理。

跨文化交际总会因为文化差异出现各种各样的问题，为了实现双方信息交流和交际的目的，我们应该始终相互理解、尊重差异、求同存异。我坚信，在对外交流过程中遇到的问题会成为我们人生经历中非常重要的一笔财富。

五、思考与实训

1. 你觉得怎么做才能让学生既按时上课，又兼顾生活呢？

2. 如何平衡汉语教学中时间观念差异的问题？你如何看待中国时间和加纳时间？

六、延伸阅读

1. 汪天文，王仕民. 文化差异与时间观念的冲突［J］. 学术研究，2008（7）.

2. 祖晓梅. 跨文化交际［M］. 北京：外语教学与研究出版社，2015.

3. 陈国明. 跨文化交际学［M］. 上海：华东师范大学出版社，2009.

● 案例三

"消失"的课本

关键词：课堂管理；二年级；课本
案例作者：田梦英

一、案例场景

我在阿尔罗亚学校任教，它是位于加纳首都阿克拉市区的一所国际学校，由黎巴嫩人建立，位于黎巴嫩人聚集的一条街道上，学校包括小学和中学两个校区。教师来自世界各地，包括黎巴嫩、英国、加纳、中国等不同国家，通用语言为英语。阿尔罗亚学校采用国际课程（IB）授课，学生人数少，每班最多15个人，多国籍学生构成一个班级。具有精英化教学、倡导自由学习、因材施教等特点。语言课程除了第一语言英语，还可选修其他语言作为第二语言和第三语言，其中可供选择的语言有阿拉伯语、印度语、西班牙语、法语、汉语等。此外，该校还设置了每周一节的当地语课程。我教授的班级有四个，分别是 Chinese Club、幼儿园、一年级（LC）、二年级（LB），每周总课时为十二课时，每课时时长根据学生年龄而定。

二、案例描述

国际学校的中文课只是学生诸多语言课程中的一门，学生的所有课程都围绕着课程体系中的一个目标进行，这和传统意义上的对外汉语教学截然不同，对我的教学提出了新的要求。在阿尔罗亚学校，我的教学对象是小学生和幼儿园的小朋友。他们把汉语作为第一或第二外语，这也决定了我的教学方向。

第一节课，教学对象是二年级学生，属于 LB，一共有三个学生。我计划的是以师生自我介绍为主，互相认识了解和讲解课堂规则为辅。自我介绍环节，我把自己的名字大大地板书在黑板上，并写上了拼音。接下来，我要求学生离开座位，一个接一个到讲台上作自我介绍。第一位作自我介绍的学生是一位中国女生，她的爸爸妈妈在加纳做生意，一直具备良好的中文语言环境。所以，她自信且流畅地说"老师，您好，我叫……，今年8岁了。"我很开心班里有中国姑娘，而且中文还如此流利。第二个作自我介绍的学生扎着很别致的小辫，大大的眼睛像玛瑙。一张口就说："老……师，你好，我叫 Zara。"接着就害羞地微笑着回到了座位，后来才知道她是尼日利亚人。第三个学生是加纳男孩子，戴着眼镜，很斯文。他不慌不忙地走到黑板那儿说："你好，我叫……"说完就走下去坐回到座位上。接着，我对课堂管理要求进行说明。例如，上课有问题要举手，尽量说中文，不可以迟到，要完成作业，等等。然后，我让学生写下自己的名字，并用英语询问两个外国学生是否想要一个中文名字，Zara 说："No！"此时，我感到略微有些尴尬。而另一个小男生象征性地扶了一下自己的眼镜并点了点头。

接下来，我开始问学生为什么想学习中文。中国学生说："因为我是中国人"，Zara 说："My mom has been to China."最后的加纳小男孩回答道："My mom forced me to come."一瞬间，我愣了一下，竟不知道要怎么回答，随后说了句"Alright"，就此结束了这个话题。

LB 把汉语作为第二语言，因此教学安排要根据学生的中文水平，以知识传授为主，文化展示为辅。由于学生没有固定课本，我就根据情况编写教材，按照教材教授或者根据本学期 IB 系统教学大纲进行拓展。第一周，一切正常，学生都带着课本和练习册，认真听课、做游戏、写作业。几周后的一节中文课，Zara 空手而来，我问她："Book？"她告诉我忘在家里了。国际学校的学生每天都回家，这种情况也可能会发生，我并未对此有所怀疑。而是告诉她，下次课记得带课本。到了下一次课，她依然没有带课本。我内心的小火苗有壮大的趋势，就和她一起去问班级的管理老师。结果，竟然在教室发现了她的书。我拿着书问 Zara，"这是什么？"她说，"Book。"随后，我带着她和她的书回到了中文教室继续上课。最后，快下课的时候，我用英语告诉同学，以后不带中文课本就不能上课。每一个学生都说"好"。

过了几周，我没想到 Zara 又一次没有带课本。我虽然喜欢 Zara 的聪明和外向，喜欢她说中文的表现，但是她又一次挑战班级规则。按照规定，我将她领到了教室的反思角，继续上完了这节课。下课后，我在整理教具和板书时突然看到反思角的黑板上写着 Zara "is sad"。

学生的这句话让我反思起来。在与隔壁印度老师进行交流，询问他是如何解决这样的问题之后，我结合班级具体情况设置了中文课本置放格（教室里置放物品的柜子）。从那以后，学生上课未带课本的现象再也没发生过。

学生 Zara 所画内容

三、理论聚焦

学习动力

学习动力是推动人们学习的直接原因和内部动力，可分为内部动力和外部动力。内部动力是指人们对学习本身的兴趣所引起的动力，外部动力是由外部诱因所引起的动力。根据奥苏伯尔成就动机理论，学校情境中的成就动力至少应包括三方面的内驱力，即认知内驱力、自我提高内驱力、附属内驱力。认知内驱力即一种学生渴望了解和理解，要求掌握知识，以及系统地阐述问题并解决问题的倾向。自我提高内驱力是个体要求凭自己胜任工作的才能和工作成就而赢得相应地位的愿望。附属内驱力是学生为了获得家长和教师等的赞许或认可而努力学习的一种需要。

四、案例分析

学生学习中文的动力有很多，而本案例中学生学习中文的驱动力都与家长有关。研究表明，在儿童早期，附属内驱力最为突出，他们努力学习获得学业成就，主要是为了实现家长的期许，并得到家长的赞美。有的学生是中国国籍，母语是中文，所以学习中文；有的学生是父母觉得中国发展迅速，为其未来发展考虑选择让孩子学习中文，这些都属于外部动力。在教学过程中，关注、引导学生的学习动力尤为重要。针对本案例出现的问题，我们作为对外汉语教师可以从如下几个方面入手：

第一，遇到问题应冷静应对。无论是学生不想要中国名字，还是学生不带课本上课，我们都需要保持冷静，积极寻找问题的解决办法。

第二，关注学生心理变化。因为学生没有带课本，老师根据课堂规则对学生进行了惩罚。但老师忽略了对学生学习动力非常重要的因素——学生心理。这就要求我们作为汉语教师，在教学中，不仅要注意教学目标，而且要多留意学生心理变化。

第三，因为一个班级有来自不同国家的学生，教学过程中需要注意不同国家的文化差异。我们在与家长沟通交流时，也需要尊重差异，兼容并蓄，树立良好的中国教师形象，避免引起误会。

五、思考与实训

1. 如果你是教师，遇到学生不想要中文名字的情况，你会怎么做？

2. 你认为本案例中教师的做法，有哪些可取，有哪些不可取？如果在教学中遇到诸如此类的问题，你会怎么做？

六、延伸阅读

1. 高蒙蒙. 对新西兰哈特地区汉语教学调查研究——以 Ss Peter and Paul 和 St Jospheh's 两所小学为例 [D]. 厦门：厦门大学，2018.

2. 皮连生. 学与教的心理学（第五版）[M]. 上海：华东师范大学出版社. 2009.

3. 刘振平. 儿童对外汉语教材创新略论 [C] //世界汉语教学学会（The International Society for Chinese Language Teaching)、国家汉办. 第十届国际汉语教学研讨会论文选，2010.

马达加斯加

● 案例一

低龄学生的中文教学

关键词：对外汉语课堂；教学原则；教材设计
案例作者：林梦洒

一、案例场景

2019年9月，我被派往马达加斯加塔马塔夫孔子学院任教。马达加斯加位于非洲东南部，是一个美丽的海岛，这里主要说法语和马达加斯加语。我所在的教学点是桑巴瓦，位于塔马塔夫孔子学院本部城市塔马塔夫北部，这里一般配备两至三名汉语教师。汉语教师主要在两所学校任教，一所是当地最好的学校——兰花学校，一所是中华学校（管理者为当地中华会馆），两所学校的课程安排有所不同。兰花学校是从5年级开始学中文，一共6个班级，每个班级一星期有一节汉语课，我和另一位老师分别带三个班级。兰花学校每年会举行固定的考试，中文考试也包含在内，教师可以自行安排课程，且每年根据报名人数举行一到两场中文考试，因此老师们都会从《HSK标准教材1》教起。因为课程少，每节课的间隔时间长，这样每节课的复习时间也就比较长，大概两个学期上完一本教材。而中华学校主要是兴趣课，学生年龄跨度比较大，有四五岁到十二三岁的孩子，也有成人。针对两所学校中有一定汉语基础的高年级学生，我选择的课本是《HSK标准教程2》；针对几乎零基础的低年级学生，我使用的课本是《HSK标准教程1》。

二、案例描述

第一节课，我用法语介绍了我自己，并让学生也做了简单的自我介绍。刚开始的几节课，学生们还是比较遵守课堂纪律，教学内容也学得比较快。中华学校有一个班级，孩子们年龄都很小，四五岁左右，只能听懂简单的法语和马达加斯加语，完全不懂英语，这对我这个初到马达加斯加并且只会说简单马语

跨文化交际教学案例与分析

的人来说可是一个不小的挑战。前几节课进行得比较顺利，我教了一首简单的儿歌，一些礼貌用语以及如何用中文进行自我介绍。可是学习到第六课时，教学效果明显变差了，课堂纪律也不受控制了，一个小时的课程我需要用将近四十分钟来维持课堂纪律，这给我的教学带来了很大的挑战。很显然，低年级学生们年龄小，自觉性很差，最重要的是培养兴趣，可是怎么使他们对汉语感兴趣呢？我仔细回顾了学生们课堂上的表现，发现大部分的学生都无法消化当堂的知识，一个语法点，一个句子结构反复讲，可当他们做练习时还是错得一塌糊涂，甚至有些学生连尝试练习都不愿意，但明明前几节课都很顺利，问题到底出在哪里呢？

当地学生

最后，经过仔细思考和课下询问学生，我终于得出了答案。第一，刚开始孩子们觉得这个新老师比较新奇，因此上课纪律保持得不错。第二，HSK1前五课的内容主要是"你好""谢谢""对不起""不客气"等礼貌用语以及简单的自我介绍，学生们学习起来很快，但后面的句型越来越长，语法也越来越难，学生们掌握起来难度增加了。经过对这些问题的分析，我决定改变低年级学生的用书，经过仔细筛选，最终我选择了《快乐汉语》，这本书简单易懂、色彩丰富，词汇和句子都很简单也很贴近生活。为了提高学生的兴趣，我还建立了奖励机制。来马岛时，我带了一些印章和文具等小礼物，表现好的学生可以通过积攒印章来兑换礼物。同时，在教学用具上我也花了很多心思。《快乐汉语》虽然色彩丰富、图画多，但由于孩子们都没有课本，无法感受到。于是在备课时，我会专门画一些词卡来辅助教学，同时这些词卡还能重复利用，帮助学生复习，每节课还能节省抄板书的时间。没想到，做了这些调整以后，课堂效果提升了很多，学生们不仅做笔记更认真了，而且回答问题也积极了很多，课堂纪律也不需要老师刻意维持了。

三、理论聚焦

普遍语法

根据乔姆斯基（Chomsky）的"普遍语法"理论，我们可以知道：儿童习得第一语言是利用大脑中先天的语言功能体系，因此儿童能极其自然地、本能地学会第一语言。因此，儿童时期是语言习得的关键时期，利用好这一关键时期意义重大。在这个关键时期，儿童对任何语言都具有极大的敏感性，他们的语言感受能力很强，对语音、语调的模仿力也极强，听觉敏锐，心理障碍少。一般认为，4—10岁是开始学习第二语言的最佳年龄。在这一阶段儿童学习第二语言受母语的影响比成人小。但与成人相比，儿童头脑柔软性较强，分析能力较差。

四、案例分析

本案例中，刚开始我选择了《HSK标准教程1》作为低年级学生的学习教材，但并没有取得较好的教学效果。在教学过程中，要遵循一定的教学原则，量力性原则又名可接受原则，指教学中对知识的数量、质量以及难度的要求必须遵循学生身心的发展规律。而四五岁的学生身心发育并不完善，对他们来说，这本教材的知识点超出了他们的接受程度，这才导致学生学习的积极性不高，达不到该有的教学效果。同时，根据克拉申的输入假说，输入的语言既不要过难，也不要过易，应控制在"i+1"的范围之内，"i"代表学生目前的水平，而"i+1"则是学生下一阶段应达到的水平，即稍稍高出学生目前的水平，而那些超出"i+1"这个范围的学习内容，学生难以理解。

学生的情感因素在第二语言学习中起着至关重要的作用，情感因素又包括动机、态度和性格。在我及时为学生更换教材后，学生学习汉语的积极性提高了。学生对目的语的态度，对教学效果有着直接的作用。学生对所学语言产生兴趣，发现学习该语言可以不断接触新的事物，就会改变以前懒散的学习态度。反之，如果觉得该语言难听，语法过难，学习起来吃力，就会产生一种畏惧或厌恶的心理，采取消极应付或干脆放弃的态度。

同时，我在课堂上建立了奖励机制，如果学生上课认真听讲，积极回答问

213

题，认真完成老师布置的作业，就可以积累印章兑换奖品。这激发了学生的外部动机，利用奖励机制让学生用自己的努力换取礼物，适当的奖励能大大激发学生学习汉语的动力。

教学中，利用一定的教学用具能大大提升教学效果。本案例中，在为学生讲解词汇的时候，我用色彩丰富的卡片给学生带来了视觉享受。因为学生年龄较小，容易对图画和卡片产生更多的兴趣。而非洲地区教学资源匮乏，我就利用现有的一些资源来制作教学用具。这不仅可以帮助学生更好地学习当堂汉语知识，而且可以让学生对上汉语课充满期待。

在教学中，我们可能会面对年龄各异、汉语水平参差不齐的学生，作为一名合格的汉语教师，我们不仅要会教学生，更要教好学生。此外，教材的选择、教学方法和课程的选择也至关重要。我国古代大教育家孔子在两千多年前就提倡"因材施教"，这一教育原则之于我们在面对海外学子时也仍有较强的现实意义，应继续发扬。

五、思考与实训

1. 在汉语教学中应当如何选择适合学生的教材，以达到最好的教学效果？
2. 如果你被派到非洲当汉语教师，你将如何最大限度地发挥现有教学用具的作用？

六、延伸阅读

1. 陈菊咏. 外语教育政策、二语习得年龄和对外汉语教学［J］. 全球教育展望，2012（9）.
2. 李宇明. 海外汉语学习者低龄化的思考［J］. 世界汉语教学，2018（3）.
3. 田艳，贺怡然. 美国小学汉语教学研究［M］. 北京：中央民族大学出版社，2017.

● 案例二

上课到底用什么语言？

关键词：汉语教学；课堂用语
案例作者：林梦洒

一、案例场景

2019年9月至2020年9月，我在桑巴瓦教学点任教，我所教授的学生都是中小学生，最小的学生只有五六岁。马达加斯加的官方语言有两种，分别是马语和法语。具体来说，马语是学生的母语，法语则是他们的第二语言，也是他们从上学时就开始学习的语言。第一年任期结束后，我选择了留任。第二年任期开始后，塔马塔夫大学孔子学院外地教学点的老师都需要撤回本部教学。塔马塔夫孔子学院本部一共有三个教学点，我所在的是塔马塔夫大学教学点。塔马塔夫大学于2017年开设了首届中文专业并开始对外招生。学生需要先参加当地高考，通过后再报名中文专业，然后进行简单的学前测试就可以进入孔子学院学习汉语，学制为四年。我所带的是大一和大二的学生，课程分为听说读写四门技能课和一门综合课，再加上文化课。我主要负责大一学生的阅读课和听力课，大二学生的听力课和写作课。

二、案例描述

我来马达加斯加之前并未学习过马语，刚去的时候我只会一些简单马语单词，法语则是我在大学期间就学习过的。当地低年级的学生不会英语，甚至能听懂的法语也十分有限。由于我的马语并不熟练，而且我总是羞于表达，课堂中讲解课文和单词也总是用法语解释一遍，再用汉语重复。上了半节课后，我发现学生都已经兴味索然，到了语法练习环节，我问的问题也没有一个人愿意主动回答，我只能点名，可是被叫起来的学生也磕磕巴巴地说不上来，我生气又无奈。

下课的时候，我悄悄叫来班长询问："为什么大家上课都是兴趣缺缺？为什么大家上课不回答问题呢？"她告诉我："大家都觉得汉语很难，因为有些时候并不理解你表达的意思。"我恍然大悟，原来课堂用语一直被我忽略了，学生们根本不理解我的话，又怎么能回答得上问题呢。于是我很抱歉地告诉她："是老师忽略了这个问题，下节课的时候我会把马语写在中文后面。"之后备课的时候，我通过询问当地的老师，把课文和生词用马语翻译了一遍，并在抄写板书时将其写在中文课文的后面。虽然这样教学进度比较慢，但好在学生的知识吸收程度较好。

记得有一次，因为临近节日，学生们都无心上课，那节课的纪律并不是很好，我在班里喊："Silence!"可是效果却并不好，班长也在帮我维持纪律，我听到班长喊道："manginging!"学生们才稍微安静了一会儿。后来我问班长这句话是什么意思，她告诉这是马语中"安静"的意思，于是当我再维持纪律时，也尝试喊了"manginging"，学生们都笑了，但是课堂很快就安静下来了。有时我也会随便指着一件物品问他们用马语怎么说，学生们都很兴奋，争先恐后地教我怎样标准地用马语发音，然后我也会告诉他们这些物品用汉语怎么说。这样的方法很有效，他们记得很快也很开心。

与当地学生合影

第二年，我被调回本部，在大学上课，大学生都经过了系统的法语学习和英语学习。第一节是大二学生的课，为了能让学生更好地理解，我在讲解课文和单词时，会先用法语表达一遍，再用汉语重复一遍。没想到的是，下课的时候有一个学生来找我，他告诉我："老师，我觉得你在课堂中不应该使用太多法语，您应该用汉语讲课，因为我们是学习汉语的。"提出这个建议的是一名叫大卫的学生，他的汉语水平较好，用汉语交流起来基本没有障碍。我只好抱歉地说道："你说得很有道理，这个问题老师会注意的，谢谢你的建议！"

这两次的"课堂事件"给我留下了很深的印象，在汉语教学中，如果我们合理平衡好学生母语与汉语的使用比例，可以对汉语教学产生积极的正向影响。

三、理论聚焦

输入假说

美国著名语言教育学家克拉申（1985）提出了"输入假说"。他在其著作《输入假说：理论与启示》中提出了著名的"i+1"公式，"i"表示学习者的现有水平，"1"表示当前水平与下一阶段之间的差距。只有当习得者接触到"可理解的语言输入"，也就是略高于学生现有语言水平的输入，才能产生习得。学习者有必要认识到注意与习得之间存在密不可分的关系，在此基础上，有意识地去感知语言的输入，将语言输入的内容进行理解、吸收，最后才能内化为自己的语言知识。

四、案例分析

在课堂上怎样平衡使用目的语和学生的母语，对汉语教师来说是一门学问。本案例中，关于教师的课堂用语，教师缺乏针对性。对于零基础的学生来说，在课堂中适当使用母语，不仅增加了学生与老师之间的有效沟通，让学生有一种亲切感，也培养了一种良好的师生关系。低龄学生学习汉语时，我在课堂上使用一些简单的马语，学生看到了我对马国文化的认同，这一行为也拉近了我们彼此的距离。同时，因为学前班的学生第一次接触汉语，他们对汉语陌生又好奇。这时，最重要的是培养学生的兴趣，而不是灌输大量的知识，否则学生会因听不懂教师的话或者知识点太难而对学习汉语产生抵触的心理。但在教授大学生时，我将同样的方法运用到大学课堂中，就遭到了学生的质疑。因为大学生已经具备一定的汉语基础，同时自律性较强，对于他们而言，最重要的是吸收知识，提高听说读写的能力，教师应最大限度地创造语言环境，培养语感。教师在备课时，不仅要准备课本上的内容，更应考虑到学生年龄以及知识水平的差异性，这才是完整的备课。

母语与目的语的差异对学习目的语会产生一定的影响。对于第二语言学习者来说，马语、法语与汉语相似的地方可以帮助他们学习汉语，但与汉语不同甚至相悖的地方也会对学习者产生一些不利的影响。在汉语教学中，教师完全不使用学生的母语是不可能的，因此汉语教师需要认真了解如何在教学中利用学生母语使其发挥"正迁移"的作用，以帮助汉语教学。在高年级的汉语教学中，为了培养学生的听说能力，为学生创造一个有利的语言环境，教师应减少使用学生的母语，尽量使用学生正在学习的目的语。但是对于低年级零基础的学生，这种教学模式有时可能会适得其反。初学汉语，应当打好基础，让学生都能理解透彻，要以培养学生的学习兴趣为主，我们可以在课堂中平衡使用两种语言，增强学生的认同感。对于如何平衡母语与目的语的关系，我有以下几种建议：

语音教学阶段：可以利用母语与目的语的发音规则进行对比分析，尤其是初级阶段的语音教学，利用学生母语进行教学尤为重要。

词汇教学阶段：讲解部分抽象词汇或者专业词汇时，不能仅用汉语描述，而是可以直接用学生母语讲解。另外，大部分比较具象且容易用汉语进行解释说明的词，还是尽量用汉语解释。

语法教学阶段：一些比较复杂的句法可以借助学生的母语进行讲解说明并指出两者之间的异同。例如，我在讲解语法结构时，利用法语进行解释并分析两者之间的异同情况，帮助学生对语法有更好的理解，且不容易忘记。

综上所述，作为一名汉语教师，应根据不同的课程、教学对象、教学类型，合理、科学、具体地运用母语与目的语进行教学。第二语言学习者的汉语水平有高有低，因此对汉语水平不同的班级，教师应根据具体的班级情况，合理调整母语与目的语的使用比例。汉语教学的目的是让学生具有汉语交际能力，教师在教学中需要激发学生学习汉语的兴趣，增强学习信心。

五、实训与思考

1. 作为一名汉语教师，在对外汉语教学的课堂上，你会如何平衡学生对母语和目的语的使用？

2. 作为一名汉语教师，在教授零基础汉语水平的学生时，你会怎样培养他们对汉语的学习兴趣？

六、延伸阅读

1. 闵基爱. 运用母语教学与运用目的语教学的比较研究——以韩国大学的汉语课堂为例［D］. 沈阳：沈阳师范大学，2013.

2. 弭 宁. 谈外语教学中正确对待母语与目的语的关系［J］. 江西电力职业技术学院学报，2006（1）.

3. 王洁成. 外语教学中的母语使用问题述评［J］. 山东女子学院学报，2012（5）.

参考文献

图书

[1] 辜正坤. 中西文化比较导论［M］. 北京：北京大学出版社，2007.

[2] 张公瑾，丁石庆. 文化语言学教程［M］. 北京：教育科学出版社，2004.

[3] 周小兵. 对外汉语教学入门［M］. 广州：中山大学出版社，2017.

[4] 国家汉语国际推广领导办公室. 国际汉语教师标准［M］. 北京：外语教学与研究出版社，2007.

[5] 吕必松. 汉语与汉语作为第二语言教学［M］. 北京：北京大学出版社，2007.

[6] 北京外国语大学国际汉语教学信息中心. 国际汉语教学动态与研究［M］. 北京：外语教学与研究出版社，2006.

[7] 崔希亮. 对外汉语综合课优秀教案集［M］. 北京：北京语言大学出版社，2010.

[8] 徐子亮，吴仁甫. 实用对外汉语教学法［M］. 北京：北京大学出版社，2005.

[9] 王建勤. 汉语作为第二语言的习得研究［M］. 北京：北京语言文化大学出版社，1997.

[10] 王振宏，李彩娜. 教育心理学［M］. 北京：高等教育出版社，2011.

期刊

[1] 崔永华. 对外汉语教学的目标是培养汉语跨文化交际能力［J］. 语言教学与研究，2020（4）.

[2] 刘希瑞. 国外跨文化交际研究：范式、方法与启示［J］. 外语教学理论与实践，2022（2）.

[3] 李美莹，吴光辉. 人与世界相遇的方式：语言哲学观照下的跨文化交际［J］. 南通大学学报（社会科学版），2022，38（3）.

[4] 史兴松. 外语能力与跨文化交际能力社会需求分析 [J]. 外语界, 2014 (6).

[5] 顾晓乐. "第三空间"视域下的跨文化交际能力培养实践探索 [J]. 外语界, 2019 (4).

[6] 易利, 吴东英. 跨文化交际案例教学新探索: 教师案例教学与学生合作案例创作的有机循环模式 [J]. 高教探索, 2020 (10).

[7] 张春海, 成丽宁. "一带一路"背景下民族院校教师跨文化交际能力培养: 基本特征、时代呼声与实践模式 [J]. 民族教育研究, 2020, 31 (2).

[8] 韩静. 基于跨文化意识的对外汉语教学——评《对外汉语教学传播路径与跨文化交际模式探究》[J]. 中国教育学刊, 2022 (7).

[9] 胡媛. 外语课堂教学中的跨文化交际能力训练路径研究——论"知行合一"的跨文化课堂教学设计 [J]. 教育学术月刊, 2019 (2).

[10] 任晓霏. 汉语国际教育硕士跨文化交际能力培养体系 [J]. 社会科学家, 2018 (12).

[11] 赵娟. 跨文化交际与文化自信生成 [J]. 人民论坛, 2020 (5).

[12] 赵成新. 国际中文教育学科发展之路 [J]. 学位与研究生教育, 2022 (10).

[13] 刘涛. 从文化差异到文化认同: 来华留学生趋同化管理创新策略研究 [J]. 东北师大学报 (哲学社会科学版), 2022 (3).

[14] 刘志成. 语言学视野下英汉文化差异本质探源 [J]. 江西师范大学学报 (哲学社会科学版), 2019, 52 (3).

[15] 柯彼德. 汉语国际化的若干问题 [J]. 语言教学与研究, 2020 (3).

[16] 郑艳群. 汉语教学资源研究的新进展与新认识 [J]. 语言文字应用, 2018 (3).

[17] 赵杨. 汉语国际教育的"变"与"不变" [J]. 天津师范大学学报 (社会科学版), 2021 (1).

[18] 李泉. 新时代对外汉语教学研究: 取向与问题 [J]. 语言教学与研究, 2020 (1).

[19] 姜丽萍. 汉语教材编写的继承、发展与创新 [J]. 华文教学与研究, 2018 (4).

[20] 李宇明. 海外汉语学习者低龄化的思考 [J]. 世界汉语教学, 2018, 32 (3).

[21] 刘蕴秋, 周勇. 国际中文教师志愿者海外教学实践成长叙事研究 [J]. 天津师范大学学报 (社会科学版), 2022 (5).

附：案例参编者简介

（按姓名拼音排序）

柴力，西南科技大学汉语国际教育专业 2019 级硕士研究生，曾在菲律宾达沃雅典耀大学孔子学院担任汉语教师志愿者，目前担任天津大学国际教育学院预科系兼职汉语教师。主要从事来华预科留学生项目，从教五年。主要教学科目："综合汉语""汉语听力""中国概况""科技汉语""经贸汉语"等。任教期间多次参与学校汉语教师的教研和培训工作以及出卷和监考工作。目前致力于预科教育，主要探讨预科教育中专业汉语的教学策略和方法，善于在专业汉语课中通过与学生的交流讨论获取反馈，鼓励学生表达自己的观点，并在课后进行教学反思。

跨文化交际教学案例与分析

耿月，西南科技大学汉语国际教育专业 2021 级硕士研究生，有两年澳大利亚旅居史，沉浸式跨文化经历丰富。现主要从事线上汉语教学，累计对外汉语教学课时近千小时，累计教授不同国家的学生 70 余人。教学秉承耐心、专业、有层次以及因材施教的理念，深受学生喜爱。

黄霞，西南科技大学汉语国际教育专业 2021 级硕士研究生。本科专业为英语教育，有一定的英语教学经历，曾在泰国南奔府蒙坤私立学校担任汉语教师。在泰国生活期间，感受到丰富多元的文化差异，在长期的跨文化交际中逐渐总结出了自己的跨文化交际策略和方法。

附：案例参编者简介

黄栩，西南科技大学汉语国际教育专业 2021 级硕士研究生。本科期间，曾在泰国南奔府查任然职业技术学院教授高中一年级学生和周末成人班的汉语课程。了解不同年龄阶段的外国学生学习汉语的特点，善于总结教学策略和方法。

姜兰，汉语国际教育专业 2017 级硕士研究生，毕业于西南科技大学汉语国际教育专业。2018 年 10 月至 2019 年 7 月任教于斯洛文尼亚卢布尔雅那大学孔子学院下属的马里博尔孔子课堂，现任教于四川省绵阳市某公立小学，从事语文教学工作。

跨文化交际教学案例与分析

林梦洒，2019年7月毕业于华北水利水电大学汉语国际教育专业。2019年9月–2020年9月在马达加斯加桑巴瓦的兰花中学和中华学校任教，2020年9月–2021年8月在塔马塔夫大学孔院本部教授汉语专业大一大二学生。丰富的非洲教学经验让林梦洒对非洲的文化内涵、教育制度、教学方式等有着全面且深刻的认识。

彭佳利，西南科技大学汉语国际教育专业2021级硕士研究生。专业功底扎实，教学经验丰富，善于从生活中发现跨文化交际冲突与矛盾，并提出独到见解。

附：案例参编者简介

田梦英，西南科技大学汉语国际教育专业 2021 级硕士研究生，曾在加纳大学孔子学院担任国际中文教师志愿者。善于从课堂教学过程中发现不同国家在文化上的细微差异，并总结经验，应用于教学和现实生活。

跨文化交际教学案例与分析

徐秀杰,西南科技大学汉语国际教育专业 2020 级硕士研究生。精通英语、西班牙语,专业知识扎实,有丰富的教学经验,善于有效识别跨文化冲突并积极寻找解决之道。

伊凤杰,西南科技大学汉语国际教育专业 2021 级硕士研究生。曾于 2018—2019 年在秘鲁伊基托斯塞萨尔·瓦列霍中学担任汉语教师志愿者。负责中小学及社区成人班的汉语教学与文化宣传工作,善于在工作过程中发现总结跨文化交际问题,积极反思教学,交流经验。

周亚荣，西南科技大学汉语国际教育专业 2020 级硕士研究生，汉语教师志愿者，曾在智利瓦尔帕莱伊索商科中学教授汉语，教学理念是寓教于乐。善于与学生沟通交流，提高学生汉语学习兴趣。

朱玲，西南科技大学汉语国际教育专业 2018 级硕士研究生，任教于意大利某孔子学院及高中汉语课堂。专业功底扎实，教学经验丰富，善于从生活中发现跨文化交际冲突与矛盾，并提出独到见解。曾在意大利多地做过中文教学调查，主要探讨意大利中文教学历史及未来发展方向，对中国文化在意大利的传播有广泛深刻的认识。

后 记

本书是西南科技大学校级研究生精品课程"跨文化交际"（项目编号：21jpkc11）、西南科技大学2023年度校级新工科、新文科、新农科研究与实践专项"新文科复合型新闻传播人才培养创新与实践"（项目编号：23xsxy15）建设成果。感谢西南科技大学研究生院、西南科技大学教务处、西南科技大学文学与艺术学院对本书出版给予的大力支持。

本书也是西南科技大学文学与艺术学院汉语国际教育（2022年更名为国际中文教育）专业硕士研究生课程"跨文化交际"课程团队多年教学实践成果。该项课程2017年获校级研究生双语课程立项。作为课程负责人，本人自2017年承担课程以来，坚持每年邀请外教、有海外留学经历的老师、外国留学生及有海外汉语教学经验的同学等开设各国文化专题，既拓展了学生的国际视野，使学生了解和尊重各国文化差异，加深对人类命运共同体的理解，为历届学生后续海外汉语教学提供实践指导，也为本书的写作提供了理论指导和现实启示。在此对2017年以来所有受邀到课堂进行讲座、分享的外教、同事、留学生、本专业学生等一并表示感谢，感谢大家对"跨文化交际"课程的大力支持。

"跨文化交际"课程2021年获校级研究生精品课程立项。作为课程负责人，本人围绕精品课程建设，指导和带领研究生团队自2022年年初开始策划撰写教学案例，历经3年最终出版。由于本人及团队成员学识、能力和经验有限，书中有不当之处，恳请专家、同行和读者批评指正。

西南科技大学文学与艺术学院汉语国际教育专业2017级至2022级、国际中文教育2023级多名硕士研究生参与了本书的编写、校对、修改等相关工作。汉语国际教育专业2017级姜兰，2018级朱玲，2019级柴力，2020级周亚荣、徐秀杰，2021级耿月、彭佳利、伊凤杰、田梦英、黄霞、黄栩，华北水利水电大学汉语国际教育专业2019届毕业生林梦洒等参与案例编写工作。除此之外，2020级周亚荣、徐秀杰、邬琳、张文参与前期案例收集等相关工作，2021级轩辕云曦参与前期案例整理等相关工作。2022级严海荣、申栖霖、王春凤、马思敏参与中期校对、修改等工作，其中严海荣负责了后期统稿、协调等相关工作。国际中文教育专业 2023 级黄艳萍、向泰仙、孟笑妮、洪杨参与后期校对、修改等相关工作，感谢参与本书编写、校对、修改等相关工作的所有同学。

感谢四川大学出版社吴近宇老师在本书出版过程中的辛勤付出、宝贵建议和优质服务，感谢四川大学出版社提供的大力支持和帮助。

陈云萍

2024 年 10 月于西南科技大学